数字金融对绿色创新投资效率的影响研究

马忠民 ◎ 著

吉林出版集团股份有限公司

图书在版编目（CIP）数据

数字金融对绿色创新投资效率的影响研究 / 马忠民著. — 长春 : 吉林出版集团股份有限公司, 2024.4

ISBN 978-7-5731-4833-9

Ⅰ. ①数… Ⅱ. ①马… Ⅲ. ①投资－研究 Ⅳ. ①F830.59

中国国家版本馆 CIP 数据核字（2024）第 087970 号

数字金融对绿色创新投资效率的影响研究

SHUZI JINRONG DUI LÜSE CHUANGXIN TOUZI XIAOLÜ DE YINGXIANG YANJIU

著　　者　马忠民
责任编辑　曲珊珊　赵利娟
封面设计　林　吉
开　　本　787mm×1092mm　1/16
字　　数　183 千
印　　张　13.5
版　　次　2024 年 4 月第 1 版
印　　次　2024 年 4 月第 1 次印刷

出版发行　吉林出版集团股份有限公司
电　　话　总编办：010-63109269
　　　　　发行部：010-63109269
印　　刷　廊坊市广阳区九洲印刷厂

ISBN 978-7-5731-4833-9　定价：78.00 元

前　言

随着全球气候变化日益加剧和可持续发展意识的逐渐提升，绿色创新投资作为推动经济可持续发展的关键力量，备受关注。数字金融作为金融领域的一场深刻变革，正逐渐渗透到各个行业，并对绿色创新投资产生深远影响。本书旨在深入探讨数字金融对绿色创新投资效率的影响，以期为实现绿色可持续发展提供理论支持和政策建议。

近年来，全球范围内的气候变化引起了人们对环境问题的高度关注。在这一背景下，各国政府和企业纷纷加大对绿色创新的投资，以推动清洁能源、低碳技术等领域的发展。然而，绿色创新项目的推进需要大量资金支持，而传统融资模式在满足其需求方面面临一系列挑战。

数字金融的崛起为绿色创新投资提供了新的可能性。数字金融以其高效、便捷、创新的特点，正在改变传统金融业务的运作方式，为绿色创新项目的融资提供了新的渠道和手段。区块链、人工智能、大数据等数字技术的应用，使资金流动更为透明、风险管理更为精准、投资者更容易获取关于绿色创新项目的信息，从而提高了投资效率。

数字金融与绿色创新投资的结合是推动经济可持续发展的必然趋势。通过本书的深入探讨，期望为数字金融和绿色创新领域的研究提供新的视角和思路，为实现经济增长与环境保护的双赢局面贡献力量。希望此次研究能够激发更多学者和从业者对数字金融与绿色创新投资关系的关注，推动相关领域的理论研究和实践创新，为构建更加可持续的未来社会做出积极贡献。

马忠民

2024 年 1 月

目　录

第一章　绪论

第一节　研究背景与问题

一、数字金融在全球金融体系中的崛起及其影响因素

数字金融的快速崛起在全球金融体系中引起了广泛关注，它不仅改变了传统金融业务的运作方式，还对金融体系的稳定性和全球经济产生了深远的影响。数字金融的兴起受到多种因素的推动，其中包括技术创新、市场需求和政策支持等。这里笔者将探讨数字金融的快速崛起及其影响因素，并分析这一趋势对全球金融体系的影响。

（一）数字金融的定义和发展

1. 数字金融的概念

数字金融是指借助先进的数字技术，包括区块链、人工智能、大数据等，改进和创新金融服务和产品的过程。这包括但不限于数字支付、数字货币、智能合约、在线借贷等金融活动。

2. 数字金融的发展历程

数字金融的发展经历了几个阶段，从最初的在线银行和支付系统，到区块链和加密货币的兴起。这一发展历程反映了科技的不断演进和金融业务模式的持续创新。

（二）影响数字金融快速崛起的因素

1. 技术创新

技术创新是数字金融快速崛起的关键因素之一。区块链技术的引入使金融交易更加安全、透明，而人工智能和大数据分析则提高了金融机构的效率和风险管理能力。

2. 市场需求

随着社会经济的发展，人们对金融服务的需求也在不断变化。数字金融提供了更加便捷、灵活的金融服务方式，满足了个人和企业的多样化需求。

3. 政策支持

许多国家纷纷制定政策以支持数字金融的发展，包括建立监管框架、推动金融科技创新和鼓励创业等。政策的支持为数字金融的健康发展提供了保障。

4. 全球化趋势

全球化趋势加速了信息和资本的流动，为数字金融的国际化提供了机遇。数字金融不仅能够促进国际贸易，还能够提高跨境金融服务的效率。

（三）数字金融对全球金融体系的影响

1. 提高金融服务的普及性

数字金融的兴起使金融服务更加普及，特别是在一些发展中国家和地区。通过手机和互联网，人们能够轻松获取各类金融服务，包括支付、借贷、投资等。

2. 改变传统金融机构的业务模式

传统的银行和金融机构面临来自数字金融领域的竞争压力。在线支付、P2P（Peer to Peer，个人对个人）借贷、数字货币等业务模式的出现使得传统金融机构不得不调整自身的战略，以适应新的市场格局。

3. 增加金融体系的脆弱性与风险

虽然数字金融为金融体系带来了许多创新，但也伴随着一些潜在的风险和挑战。数字金融高度依赖技术，一旦发生系统故障或网络攻击，可能会对金融体系的稳定性造成威胁。

4. 推动金融监管的创新

数字金融的快速发展对金融监管提出了新的挑战。监管部门需要不断创新监管方法，以确保金融市场的稳定，并有效保护投资者的权益。

（四）未来发展趋势和建议

1. 强化技术安全

为了降低数字金融系统的风险，相关利益方应加强对技术安全的投入，提高系统的抗攻击能力，以确保金融交易的安全和可靠性。

2. 加强跨界合作

数字金融的全球化趋势要求各国加强合作，共同应对跨境金融犯罪、数据安全等问题，并建立健全的国际合作机制。

3. 制定健全监管框架

为了平衡金融创新与风险防控，监管部门应及时调整监管政策，建立健全的数字金融监管框架，以保障金融市场的健康发展。

4. 推动金融科技人才培养

数字金融的快速发展需要大量具备高级科技和金融知识的专业人才。政府、学术机构和行业应共同努力，加强对金融科技人才的培养和引进，以满足数字金融行业的人才需求。

5. 促进金融普惠

数字金融的发展应当注重金融普惠，确保其惠及更广泛的群体，包括农村地区、小微企业和低收入人群。政府和金融机构可以通过制定政策和提供支持，推动数字金融服务覆盖面的扩大。

6. 制定合理的数字货币政策

随着数字货币的崛起，各国应当制定明确的政策框架，以规范数字货币的发行和使用，并防范潜在的风险。国际合作也是推动数字货币规范化的关键，有助于促进全球数字货币市场的健康发展。

7. 推动金融创新与监管平衡

在数字金融发展的过程中，政府和监管机构应当在鼓励创新的同时，保持对金融市场的有效监管。需要建立灵活且适应性强的监管框架，以平衡金融创新与系统稳定性之间的关系。

数字金融的快速崛起在全球金融体系中产生了深远的影响，改变了传统金融业务的格局，促使金融体系朝着更加便捷、高效、普惠的方向发展。技术创新、市场需求、政策支持等多重因素推动了数字金融的兴起，但也伴随着一系列挑战和风险。未来，各国应当共同努力，加强合作，制定合理的政策和监管框架，推动数字金融的可持续发展，确保其对全球金融体系产生积极影响。同时，应注重金融科技人才的培养和普惠金融的发展，以促进数字金融更好地为社会和经济服务。

二、绿色创新投资在可持续发展中的关键地位与面临的挑战

（一）绿色创新投资的定义与范畴

1. 定义

绿色创新投资是指为推动环保和可持续发展，对具有创新性和绿色特征的项目进行资金注入的过程。这种投资主要关注能源、环境、社会和治理等领域

的创新，以实现经济发展与生态可持续发展的平衡。

2. 范畴

绿色创新投资的范畴涵盖了可再生能源、清洁技术、可持续农业、循环经济等多个领域。投资者通过支持这些领域的创新项目，既能获得经济回报，又能助力解决环境和社会问题。

（二）绿色创新投资的关键地位

1. 推动绿色技术创新

绿色创新投资是推动绿色技术创新的关键动力之一。通过为具有环保潜力的科技项目提供资金支持，投资者能够加速新技术的研发和商业化，从而促进产业升级和经济的可持续发展。

2. 促使企业转型

在企业面临日益严峻的环境压力和社会责任时，绿色创新投资成为推动企业转型的催化剂。投资者的支持使企业更容易转向可持续经营模式，减少对资源的依赖并提高效益。

3. 促进绿色金融发展

绿色创新投资的兴起推动了绿色金融的发展。金融机构通过提供绿色金融产品和服务，满足投资者对可持续发展的需求，从而形成了一个绿色金融生态系统。

4. 创造就业机会

绿色创新投资不仅有助于推动产业升级，还创造了大量就业机会。绿色技术的研发和应用为社会提供了更多的工作岗位，促进了经济的可持续增长。

5. 促使政府制定绿色政策

绿色创新投资的兴起迫使政府采取更积极的绿色政策，以创造更有利于绿色创新投资的法律和政策环境。政府的支持可以加速绿色项目的实施，形成政府、企业和投资者共同推动可持续发展的良性循环。

（三）绿色创新投资面临的挑战

1. 不确定性与风险

绿色创新项目往往面临技术、市场和政策等多方面的不确定性，这增加了投资的风险。投资者在追求环保的同时，需要谨慎评估项目的可行性，以平衡绿色目标与经济回报。

2. 资金短缺

尽管绿色创新投资的需求增加，但由于投资项目的特殊性和长期回报的不确定性，吸引足够的私人资金有时颇具挑战性。解决资金短缺问题需要政府、金融机构和企业共同努力，创造更多的投资机会和设立更多的激励机制。

3. 技术壁垒

一些绿色创新项目面临技术壁垒，需要跨学科合作和大量的研发投入。投资者需要关注项目的科技含量，确保其具备足够的技术实力，以降低项目的技术风险。

4. 法规和政策不确定性

由于环保领域的法规和政策常常变动，投资者在项目周期内可能会面临法规和政策的不确定性。这要求投资者具备较强的政策解读和应对能力，以降低潜在的法律方面的风险。

5. 较长回报周期

绿色创新投资通常需要较长的回报周期，这与一些投资者对短期回报的预期不一致。投资者需要具备足够的耐心和战略眼光，以适应项目的长期发展需求。

（四）应对挑战的策略与建议

1. 加强国际合作

国际合作可以帮助吸引更多的资金和资源，降低投资项目的风险。投资者可以通过与国际组织和其他国家的投资者合作，分享经验、共担风险，推动更多绿色创新项目的实施。

2. 制定稳定的法规政策

政府需要制定长期稳定的法规政策，提供明确的政策导向，以减少项目周期内的法规不确定性，这有助于提高投资者的信心，吸引更多资金流向绿色创新领域。

3. 创造有利于绿色创新的金融环境

金融机构可以通过推出绿色金融产品、设立专门的绿色投资基金等方式，创造更有利于绿色创新的金融环境。这包括提供更灵活的融资方式、降低融资成本，以及制定有利于长期投资的激励机制。

4. 强化技术创新支持

投资者应与科研机构、高校等建立紧密的合作关系，以获取最新的技术信息、加速创新项目的研发进程。同时，积极参与技术创新，推动技术的不断演进，降低技术壁垒。

5. 提高社会认知与参与度

加强对绿色创新的宣传与教育，提高社会对绿色创新投资的认知度和支持度。公众的认可和参与对于推动政府、企业和投资者更积极地投入绿色创新至关重要。

6. 制定长期可持续的投资策略

投资者需要制定长期可持续的投资策略，关注项目的长期发展潜力，而非短期回报。在评估投资项目时，应考虑环境、社会和治理等方面的因素，从而形成综合的投资决策。

绿色创新投资作为推动可持续发展的关键力量，在环境、社会和经济方面都发挥着重要作用。然而，它所面临的挑战也不可忽视，需要各方共同努力，共同构建绿色创新生态系统。通过加强国际合作、制定稳定的法规政策、创造有利于绿色创新的金融环境，可以为投资者提供更多支持，推动更多绿色创新项目得以实施。同时，投资者自身也需要提高对绿色创新的认知，制定长期可持续的投资策略，以更好地平衡环保与经济效益。只有通过共同努力，才能实现绿色创新投资在可持续发展中的最大潜力，为下一代创造更为可持续的社会和经济体系。

三、数字金融如何应对绿色创新投资的需求和挑战

（一）概述

数字金融与绿色创新投资的结合是推动可持续发展的重要途径之一。数字金融的发展为绿色创新提供了更灵活、高效的资金管理和交易方式，同时也面临着推动可持续投资所带来的挑战。这里笔者将探讨数字金融如何应对绿色创新投资的需求和挑战。

（二）数字金融与绿色创新投资的契合点

1. 绿色金融产品的创新

数字金融可以通过创新金融产品来满足投资者对绿色创新项目的需求。例如，绿色债券、绿色基金等金融工具可以将投资资金专门用于支持环保和可持续发展的项目，从而吸引更多投资者进入绿色创新领域。

2. 区块链技术的应用

区块链技术可以提高绿色创新投资的透明度和可追溯性。通过区块链，投资者可以清晰地了解资金流向，确保投资真正用于环保项目，防范“漂绿”。区块链的不可篡改性也有助于建立更加可信的绿色金融体系。

3. 大数据分析支持决策

数字金融可以利用大数据分析技术，更全面、深入地评估绿色创新项目的风险和潜力。通过对大量环境、社会、治理等数据的分析，投资者可以制定更科学、精准的投资策略，从而提高绿色创新投资的成功率。

4. 金融科技平台的整合

金融科技平台的整合可以为绿色创新投资提供便捷的融资和交易服务。数字金融平台能够整合多种金融工具，提供一站式服务，简化绿色创新项目的融资流程，吸引更多资金流向可持续发展领域。

（三）数字金融应对绿色创新投资的需求

1. 提供多样化的绿色金融产品

数字金融机构可以提供更多样化的绿色金融产品，以满足不同投资者的需求。这包括绿色债券、绿色信托，以及与可再生能源、清洁技术相关的金融衍生品，为投资者提供更灵活的选择。

2. 制定绿色金融标准和认证体系

数字金融机构可以参与制定绿色金融标准和认证体系，以确保绿色创新项目的透明度和可信度。建立统一的行业标准有助于降低投资者与其他相关方之间的信息不对称，从而增加对绿色创新投资的信心。

3. 促进绿色信息披露

数字金融可以通过技术手段促进企业对绿色信息的披露。通过区块链等技术，确保企业的环境、社会和治理等信息透明且可追溯，帮助投资者更好地评估绿色创新项目的可行性。

4. 支持绿色创新初创企业

数字金融平台可以通过众筹、天使投资等方式，支持绿色创新初创企业。为这些企业提供融资渠道，帮助它们在初创阶段获得资金支持，推动更多具有潜力的绿色项目落地。

（四）数字金融应对绿色创新投资的挑战

1. 引入智能合约提高透明度

智能合约是一种基于区块链的技术，能够自动执行合同条款，从而提高交易的透明度和可信度。数字金融机构可以引入智能合约，以确保绿色创新项目的资金使用符合预先设定的标准，从而降低投资风险。

2. 加强数据安全与隐私保护

数字金融涉及大量用户和交易数据，因此需要加强数据安全与隐私保护。尤其是在处理环境、社会和治理等敏感信息时，数字金融机构应采取先进的技术手段，保障投资者信息的安全。

3. 制定可持续金融激励机制

数字金融机构可以制定可持续金融激励机制，以鼓励投资者参与绿色创新投资。这包括提供税收优惠和降低投资手续费等方式，促使更多资金流向可持续发展领域。

4. 建立绿色创新投资教育体系

数字金融机构可以通过在线培训和教育资源建立绿色创新投资的教育体系。这有助于提高投资者对绿色项目的认知，使他们更好地理解绿色创新领域的投资机会和挑战。通过教育，投资者能够更理性、全面地评估绿色创新投资，从而减少投资决策中的不确定性。

5. 发挥人工智能在投资决策中的作用

数字金融机构可以借助人工智能技术，加强对绿色创新项目的风险评估和投资决策。人工智能能够分析大量数据，帮助投资者更准确地判断项目的可行性和潜在风险，从而提高投资的智能化水平。

（五）未来展望与建议

1. 拓展国际合作

数字金融机构应积极拓展国际合作，与其他国家和地区的金融机构、科研机构及政府等共同合作，分享绿色创新投资领域的最佳实践和经验。这有助于促进全球绿色金融市场的健康发展，推动绿色创新投资的国际合作。

2. 制定全球统一的绿色金融标准

数字金融机构可以与国际组织和金融机构共同制定全球统一的绿色金融标准。这将有助于减少因不同国家和地区标准不一致而导致的信息不对称，提高绿色创新项目的透明度和可信度。

3. 推动数字金融与实体经济深度融合

数字金融应当进一步与实体经济深度融合，更加贴合绿色创新项目的实际需求。通过深化与环保产业和科技企业的合作，数字金融可以更好地服务于绿色创新项目，推动实体经济的可持续发展。

4. 加强监管与自律

数字金融机构需要在绿色创新投资领域加强监管和自律。应建立有效的监管框架，规范绿色金融产品的设计和销售，确保投资者的权益得到有效保护。数字金融行业也应自觉加强自律，促进绿色金融市场的健康发展。

5. 支持中小投资者参与

数字金融可以通过降低投资门槛、提供更便捷的投资工具等方式，鼓励中小投资者参与绿色创新投资。这有助于扩大绿色金融的覆盖面，使更多人能够享受到绿色创新带来的经济和社会效益。

数字金融在应对绿色创新投资的需求和挑战中发挥着重要作用。通过创新金融产品、应用区块链技术和大数据分析等手段，数字金融能够更好地服务于绿色创新项目，提高投资的透明度和可信度。然而，在应对挑战的过程中，数字金融机构需要克服数据安全与隐私保护、引入智能合约、建立可持续金融激励机制等一系列问题。未来，通过国际合作、制定全球统一标准、深化与实体经济的融合，数字金融有望成为推动绿色创新投资发展的引擎，为全球可持续发展贡献力量。

第二节　研究目的与意义

一、深入理解数字金融对绿色创新投资效率的影响机制

（一）概述

数字金融是基于信息技术，通过互联网、移动通信等技术手段，提供更高效、便捷、普惠金融服务的新型金融形式。在可持续发展的背景下，数字金融与绿色创新投资的结合成为推动可持续发展的重要途径之一。这里笔者将深入解读数字金融对绿色创新投资效率的影响机制，探讨数字金融如何促进绿色创新投资的高效运作。

（二）数字金融的基本特征

1. 互联网

数字金融建立在互联网基础之上，通过在线平台连接投资者、企业和金融机构，实现信息的高效传递与交流。

2. 移动支付和电子货币

数字金融强调便捷性，支持移动支付和电子货币的发展，提供更灵活、迅速的交易方式，有助于降低交易成本。

3. 大数据和人工智能

数字金融充分利用大数据和人工智能技术，通过对海量数据的分析，提高了风险评估的准确性，为投资决策提供了科学依据。

4. 区块链技术

区块链技术的应用提高了交易的透明度和可追溯性，有助于建立更加可信的金融体系，减少信息不对称的问题。

（三）数字金融对绿色创新投资效率的积极影响

1. 提高信息透明度

数字金融通过在线平台和大数据分析，提高了绿色创新项目信息的透明度。投资者可以更方便地获取绿色创新项目的相关信息，包括项目背景、技术特点、环保指标等，从而更准确地评估其投资价值。

2. 降低交易成本

传统金融交易通常伴随着烦琐的流程和高昂的成本，而数字金融的出现显著降低了绿色创新投资的交易成本。通过移动支付、在线融资平台等工具，投资者能够更便捷地完成投资交易，从而减少融资所需的时间和金融服务成本。

3. 提高融资效率

数字金融为绿色创新企业提供了更多融资渠道，包括众筹、P2P 融资等。这种多元化的融资方式提高了融资效率，使更多具有潜力的绿色创新项目能够获得资金支持，推动其更快速地发展。

4. 创新金融产品

数字金融机构推出了一系列创新金融产品，如绿色债券和可持续发展基金，专门用于支持绿色创新项目。这些产品因其灵活性和绿色属性，吸引了更多投资者参与绿色创新投资，促进了资金的有效配置。

5. 支持绿色数据分析

数字金融的大数据和人工智能技术支持更加精准的绿色数据分析。通过对环境、社会和治理等方面数据的深入分析，投资者能够更准确地了解绿色创新项目的潜力和风险，从而更科学地做出投资决策。

（四）数字金融面临的挑战及应对策略

1. 风险管理问题

数字金融涉及大量的数据传输和存储，面临信息泄露和网络攻击的风险。为应对这一挑战，数字金融机构需加强安全防护，采用先进的加密技术，保障用户和投资信息的安全。

2. 不断升级的技术要求

数字金融的发展需要新技术的支持，包括大数据、人工智能算法和区块链等。金融机构需不断提升技术水平，跟上科技的发展步伐，以确保数字金融对绿色创新投资的支持能够持续高效地进行。

3. 法规和政策的不确定性

数字金融发展迅速，但由于法规和政策的不断变化，数字金融面临一定的不确定性。金融机构需要密切关注法规的更新，同时积极参与相关法规的制定，以促进数字金融与绿色创新投资的良性互动。

4. 技术壁垒

一些金融机构可能由于技术水平的差异，面临与数字金融高度整合相关的技术壁垒。为解决这一问题，建议采取以下策略：加强技术研发和人员培训，与科技公司建立合作关系，共享技术资源，以确保数字金融机构能够紧跟技术创新的步伐。

5. 缺乏标准化规范

在数字金融与绿色创新投资领域，缺乏一套全球性的标准化规范可能导致信息不对称和投资决策的不确定性。数字金融机构可以通过与国际组织和行业协会紧密合作，共同制定并推广符合全球标准的绿色金融指南，以提高投资者和金融机构的信心。

（五）未来展望与建议

1. 强化数字金融教育

在数字金融与绿色创新投资相结合的过程中，培养专业人才至关重要。相关的数字金融教育体系应当得到加强，以培养具备金融和环保领域知识的人才，从而更好地适应绿色创新投资的需求。

2. 推动国际合作

数字金融与绿色创新投资具有较强的国际性，跨国合作是不可或缺的。各国的金融机构、科技企业和政府应加强合作，共同应对全球性的环境和可持续发展挑战，促进数字金融在全球范围内的可持续发展。

3. 制定行业标准

为了提高数字金融与绿色创新投资的运作效率，行业内应共同努力，制定更为统一和详尽的标准，包括数据报告、项目评估等方面。这将有助于减少信息不对称，降低投资风险。

4. 鼓励金融创新

数字金融机构应积极鼓励金融创新，不断推出更加创新且适应绿色投资的金融产品。同时，金融监管机构也需要为这些创新提供支持，营造相应的政策和法规环境。

5. 加强社会责任

数字金融机构在与绿色创新投资的结合中，应当更加注重社会责任。通过推动绿色项目，积极参与环保事业，数字金融不仅可以成为可持续发展的推动者和参与者，更可以成为服务提供者。

数字金融对绿色创新投资效率的影响机制是一个多层次、多方面的过程。通过提高信息透明度、降低交易成本、支持创新金融产品、促进绿色数据分析等手段，数字金融在推动绿色创新投资方面发挥了积极作用。然而，数字金融也面临一系列挑战，包括技术持续升级、法规不确定性、缺乏标准化等。在未来，加强数字金融教育、推动国际合作、制定行业标准、鼓励金融创新及强化社会责任将是实现数字金融与绿色创新投资双赢的关键。只有通过全球共同努力，数字金融才能更好地服务于绿色创新投资，为可持续发展注入更强劲的动力。

二、为政府、金融机构及企业提供制定绿色创新投资政策的决策支持

（一）概述

在全球范围内，推动绿色创新投资已成为实现可持续发展目标的迫切需求。政府、金融机构和企业在制定绿色创新投资政策时面临众多挑战。这里笔者将

深入探讨如何为政府、金融机构和企业提供制定绿色创新投资政策的决策支持，以促进绿色创新的可持续发展并推动绿色经济的转型。

（二）背景与挑战

1. 绿色创新的重要性

绿色创新是应对气候变化、资源枯竭等全球性环境问题的关键手段。通过投资支持创新项目，可以推动绿色技术的研发和应用，促进清洁能源、环保技术等领域的发展，实现经济增长与生态环境保护可持续的双赢。

2. 决策制定面临的挑战

制定绿色创新投资政策涉及多方面的考量，包括技术评估、资金安排和法规制定等。政府需要权衡各方利益，金融机构需要平衡风险与回报，而企业则需在绿色创新中找到商业可行性。因此，科学合理地制定政策成为一个复杂而重要的问题。

（三）决策支持的框架

1. 数据收集与分析

政府、金融机构和企业在制定绿色创新投资政策时需要依赖大量数据。这些数据包括但不限于环境状况、市场需求和技术进步。通过建立系统的数据收集和分析机制，可以更全面地了解绿色创新的现状和潜力。

2. 技术评估与前瞻性研究

在制定绿色创新投资政策时，对相关技术的评估至关重要。通过前瞻性研究，政府可以了解新兴技术的发展趋势；金融机构能够更好地评估投资项目的风险与回报；企业则能更好地把握市场机会。

3. 制度设计与法规制定

绿色创新投资需要明确的制度和法规框架支持。政府在制定政策时，需考虑相关产业链的法规体系；金融机构需要建立相应的金融服务制度；企业则需要明确自身的社会责任和法规合规要求。

4. 风险评估与管理

绿色创新投资的风险较高，可能面临技术、市场、政策等多方面的不确定性。为了提供决策支持，需要建立科学的风险评估模型，以帮助政府、金融机构和企业更好地理解和管理投资中的各种风险。

5. 利益相关方参与沟通

制定绿色创新投资政策需要广泛的社会参与。政府应与各利益相关方进行充分沟通，了解他们的需求和期望，以达成共识。金融机构和企业也需积极与政府和公众沟通，以确保政策的顺利实施。

（四）决策支持工具与技术

1. 大数据与人工智能技术

大数据与人工智能技术在数据分析和决策制定方面具有重要的应用潜力。通过分析大量数据，大数据和人工智能技术可以为政府、金融机构和企业提供更全面、准确的信息，帮助他们更好地制定绿色创新投资政策。

2. 区块链技术

区块链技术的透明性和不可篡改性可应用于建立绿色创新投资的信息共享平台。政府、金融机构和企业可以通过区块链建立可信的数据交换平台，提高合作效率，减少信息不对称。

3. 智能决策系统

基于人工智能的智能决策系统能够帮助政府、金融机构和企业更快速、更准确地做出决策。这类系统可以整合各种数据，进行多维度的分析，并根据预定的目标和约束条件提供最优的决策方案。

4. 生态系统模型

建立绿色创新投资的生态系统模型有助于全面了解各方的关联和互动。通过模拟不同决策对整体生态系统的影响，政府、金融机构和企业可以更科学地进行政策设计和决策。

（五）政府的决策支持与政策制定

1. 设立专门机构

为了更好地提供决策支持，政府可以考虑设立专门的绿色创新投资决策支持机构。该机构可以负责数据收集、技术评估、风险管理等工作，为政府决策部门提供专业的参考意见。

2. 制定激励政策

政府可以通过制定激励政策，如税收优惠和财政补贴等，鼓励企业和金融机构增加对绿色创新的投资。这些政策可以降低投资风险、提高投资回报，推动更多资金流入绿色创新领域。

3. 加强国际合作

绿色创新投资通常具有跨国性质，因此政府应积极加强与其他国家和国际组织的合作。通过分享经验和合作研究，政府可以更好地了解全球绿色创新的发展趋势，为本国决策提供国际化的视角。

4. 制定法规与标准

政府在制定绿色创新投资政策时应明确相关法规和标准，以规范市场行为、保护投资者权益。建立健全的法规框架有助于降低投资风险，提高绿色创新项目的可持续性。

（六）金融机构的决策支持与投资管理

1. 制定内部投资策略

金融机构在绿色创新投资领域应制定明确的内部投资策略，包括投资方向、风险控制、回报预期等方面。这有助于使投资更加具有针对性和科学性。

2. 利用创新性的金融工具

金融机构可以通过创新性的金融工具，如绿色债券和可持续发展基金，拓宽绿色创新投资的渠道。这些工具不仅有助于吸引更多资金，还能提供更灵活的融资方式。

3. 引入智能投资系统

金融机构可以引入智能投资系统，通过大数据和人工智能技术对绿色创新项目进行更精准的评估和管理，这有助于提高投资决策的科学性和准确性。

4. 发挥金融创新力量

金融机构作为金融市场的重要参与者，应当发挥金融创新的力量，不断推陈出新。通过金融创新，可以为绿色创新投资提供更加多元化和灵活性的金融产品与服务。

（七）企业的决策支持与绿色创新实践

1. 制定绿色发展战略

企业在制定绿色创新投资决策时，需要明确绿色发展的战略方向。制定清晰的战略有助于企业更好地规划未来的绿色创新投资，使其与企业的整体发展目标相一致。

2. 提升绿色管理水平

企业应当提升绿色管理水平，建立绿色创新投资项目的全过程管理体系。这包括项目筛选、实施、监测和评估等环节，以确保投资项目在环保和可持续性方面取得最大效益。

3. 积极参与产业链合作

企业可以通过积极参与产业链合作，与供应商、合作伙伴等形成良好的合作关系。这有助于分担绿色创新投资的风险，共同推动整个产业链的绿色升级。

4. 引入社会责任理念

企业应当引入社会责任理念，将绿色创新投资视为履行社会责任的一种方式。企业注重社会责任，能够更好地融入社会发展大局，形成可持续发展的企业形象。

制定绿色创新投资政策是一个复杂而关键的过程，需要政府、金融机构和企业共同努力。通过科学的数据分析、技术评估、制度设计和风险管理，可以为决策者提供更全面、科学的决策支持。政府需要建立专门机构，制定激励政策和法规标准；金融机构要制定内部投资策略，引入智能投资系统；企业则需要制定绿色发展战略，提升管理水平，积极参与产业链合作，并注重社会责任。只有通过各方合作，形成强大的决策支持体系，才能更好地推动绿色创新投资，实现可持续发展的目标，推动绿色经济的转型。

三、促进数字金融与绿色创新投资的有机结合，推动经济可持续发展

（一）概述

随着社会对可持续发展和环境保护的日益关注，数字金融与绿色创新投资的有机结合成为推动经济可持续发展的重要路径之一。数字金融通过信息技术的应用，提供了更高效、便捷的金融服务，而绿色创新投资则聚焦于环保、清洁能源等领域。这里笔者将深入探讨数字金融与绿色创新投资的结合，分析其机制、优势和挑战，并提出推动这一结合的策略，以促进经济的可持续发展。

（二）绿色创新投资的基本特征

1. 环保导向：着眼于环境保护和资源的可持续利用，推动清洁能源、循环经济等绿色领域的创新。

2. 技术创新：侧重于技术的研发和应用，推动新能源和清洁生产等技术的进步。

3. 社会责任：强调企业和投资者的社会责任，在追求经济效益的同时兼顾环境和社会影响。

（三）推动数字金融与绿色创新投资有机结合的策略

1. 加强政府引导和支持

政府可以通过制定明确的政策和法规，鼓励数字金融机构参与绿色创新投资。可以设立政府引导基金，以支持数字金融平台提供的绿色金融产品。此外，政府还应加强对绿色创新投资项目的监管，确保项目的真实性和环保效益。

2. 促进金融机构创新

金融机构可以通过创新金融产品和服务来满足绿色创新投资的需求。引入可持续发展债券、绿色信贷等金融工具，为投资者提供更多选择。同时，鼓励金融机构通过技术创新来提升绿色创新投资的效率和可行性。

3. 促进社会共识与教育

政府和相关机构可以通过加强公众教育，提高社会对数字金融和绿色创新投资的认知，建立社会共识，鼓励更多人参与绿色创新投资，从而形成更为广泛的社会支持。

（四）未来展望

数字金融与绿色创新投资的有机结合具有巨大的潜力，将对经济的可持续发展产生深远的影响。未来，随着技术的不断进步和社会对环保的日益重视，这一结合将更加紧密。数字金融的发展将进一步降低绿色创新投资的交易成本，提高融资效率，推动更多绿色项目的落地。

在未来的发展中，数字金融与绿色创新投资的有机结合需要应对技术、法规、标准化等方面的一系列挑战。政府、金融机构和企业应共同努力，形成更加完善的政策框架和行业规范，为数字金融与绿色创新投资提供更为稳定和可持续的环境。

数字金融与绿色创新投资的有机结合是推动经济可持续发展的关键路径之一。通过提高信息透明度、降低交易成本、支持创新金融产品等机制，数字金融积极促进了绿色创新投资的发展。然而，要实现更深层次的结合，还需应对风险挑战、加强国际合作、推动创新发展。在不断完善政策和法规的基础上，数字金融与绿色创新投资将共同为经济的可持续发展注入新的活力。

第三节 研究内容、方法与技术路线

一、分析数字金融与绿色创新投资效率关系的实证研究

（一）概述

随着全球可持续发展目标的明确，数字金融与绿色创新投资之间的关系备受关注。数字金融作为金融行业中的创新力量，其在提升金融服务效率方面的作用已得到广泛认可。与此同时，绿色创新投资作为实现环保和可持续发展的手段，其效率直接关系到生态环境的改善和经济发展的可持续性。这里笔者旨在通过实证研究，深入分析数字金融与绿色创新投资效率之间的关系，探讨二者的相互影响机制，并提出相关政策建议。

（二）实证研究方法

1. 数据来源

实证研究的数据来源于多个方面，包括但不限于：

数字金融数据：包括移动支付、在线融资、区块链等数字金融领域的交易数据、用户数量、交易金额等。

绿色创新投资数据：涵盖清洁能源、环保科技等领域的投资数据，包括项目数量、融资规模、实际产出等指标。

宏观经济数据：考虑到经济整体状况对数字金融与绿色创新投资的影响，需要包括 GDP（Gross Domestic Product，国内生产总值）、失业率等宏观经济指标。

（三）实证研究结果与分析

通过对相关数据的实证研究，可以揭示数字金融与绿色创新投资效率之间的具体关系。可能的实证研究结果包括：

正相关关系：数字金融发展水平与绿色创新投资效率呈正相关关系，即数字金融的推动有助于提高绿色创新投资的效率。

中介效应：数字金融可能通过提高融资效率和信息透明度，间接影响绿色创新投资效率。

异质性影响：数字金融对不同类型的绿色创新项目可能存在异质性影响，一些特定领域的绿色创新投资可能更容易受到数字金融的影响。

（四）政策建议

1. 推动数字金融创新

政府应鼓励数字金融领域的创新，提高技术水平，推动数字金融与绿色创新投资的有机结合。在数字支付、区块链等领域，政府可以提供相关支持政策，促使金融机构和科技企业更加积极地投入数字金融创新，以满足绿色创新投资的需求。

2. 制定绿色金融标准

政府和金融监管机构应制定和完善绿色金融标准，以规范数字金融在绿色创新投资领域的运作。明确的标准可以提高市场透明度，降低投资者的信息不确定性，有助于形成更稳定和健康的市场环境。

3. 加强跨部门协调

数字金融与绿色创新投资的结合涉及多个领域，需要跨部门协调，形成合力。政府可以建立跨部门的工作机制，推动数字金融与绿色创新投资的有机结合，确保政策的一致性与协同性。

4. 鼓励金融机构参与

政府可以通过奖励制度和税收优惠等方式鼓励金融机构积极参与绿色创新投资；激励金融机构提供更多绿色金融产品，支持绿色创新项目，从而推动数字金融与绿色创新投资的深度融合。

5. 促进投资者教育

政府和金融机构应共同努力，提升投资者的绿色金融素养。通过开展培训和宣传活动，提高投资者对数字金融与绿色创新投资关系的认知水平，帮助他们更好地理解投资的风险与机会。

数字金融与绿色创新投资的结合是推动可持续发展的重要途径之一。实证研究有助于深入理解二者之间的关系机制，为政府、金融机构和企业提供科学的决策支持。通过提高融资效率、降低交易成本、创新金融产品等，数字金融对提升绿色创新投资效率具有显著作用。

在政策建议方面，鼓励数字金融创新、制定绿色金融标准、加强跨部门协调、鼓励金融机构参与以及促进投资者教育等措施，将有助于更好地发挥数字金融与绿色创新投资的协同效应。

二、探讨数字金融创新对绿色创新投资的潜在影响因素

（一）概述

数字金融创新和绿色创新投资作为各自领域的前沿，二者的有机结合对于推动可持续发展和实现经济绿色转型至关重要。数字金融的迅速发展为绿色创新投资提供了新的机遇，但同时也面临新的挑战。这里笔者将深入探讨数字金融创新对绿色创新投资的潜在影响因素，包括技术、政策、市场和社会等多个层面，以期为各界制定相关政策和战略提供参考。

（二）技术因素

1. 区块链技术

区块链技术的应用可以提高绿色创新项目的透明度和可追溯性。数字金融平台利用区块链技术建立去中心化的信任机制，可以使投资者更加确信其资金用于真正的绿色创新项目。同时，智能合约等功能也能够简化交易流程，降低交易成本。

2. 大数据和人工智能

大数据和人工智能的应用可以提高绿色创新项目的风险评估和决策效率。数字金融平台通过分析环境、社会和治理数据，能够为投资者提供更准确的信息，降低投资风险。同时，人工智能算法的应用也有助于制定更智能化的投资策略。

3. 移动支付和电子货币

移动支付和电子货币的普及使绿色创新投资更加便捷。数字金融平台提供

的移动支付功能使投资者可以随时随地进行投资操作，提高了绿色创新项目的融资效率。同时，电子货币的应用也降低了交易的时间和成本，促进了资金的流动。

（三）政策因素

1. 绿色金融政策

政府的绿色金融政策对数字金融与绿色创新投资的结合至关重要。通过激励数字金融机构提供更多绿色金融产品以及制定绿色债券和可持续发展基金等金融工具，政府可以引导更多资金流向绿色创新领域。

2. 创新政策

政府在数字金融和绿色创新投资方面的创新政策也是关键因素。通过提供税收优惠、科研资金支持等政策手段，可以鼓励企业在数字金融和绿色创新领域进行更多的创新实践，推动两者的有机结合。

3. 法规环境

法规的明确性和友好度对数字金融与绿色创新投资的发展具有直接影响。清晰的法规环境有助于降低投资者和企业的法律风险，增加数字金融与绿色创新投资的透明度，并提高市场信心。

（四）市场因素

1. 投资者需求

投资者对绿色创新投资的需求是数字金融创新影响的重要方面。数字金融平台可以根据投资者的需求推出更多绿色金融产品，以满足不同投资者群体的绿色创新投资偏好。

2. 金融机构竞争

金融机构在数字金融和绿色创新投资领域的竞争也会影响这两者的结合程

度。为了吸引更多投资者和企业，金融机构可能加大对数字金融技术的投入，并提供更多绿色金融产品和服务。

3. 市场发展阶段

市场的发展阶段对数字金融和绿色创新投资的有机结合有着不同的影响。在市场较为成熟的地区，数字金融与绿色创新投资的结合更容易实现；在新兴市场，可能需要更多的政策和市场引导。

（五）社会因素

1. 社会认知和接受度

社会对数字金融与绿色创新投资的认知和接受度直接影响其发展。通过开展相关宣传教育，提高公众对数字金融与绿色创新投资概念的认知，有助于形成更加积极的社会氛围。

2. 环保意识

公众和企业对环保意识的提升，为数字金融与绿色创新投资的结合奠定了社会基础。强调绿色环保的数字金融产品更容易受到社会的欢迎和认可，从而促进更多投资者和企业参与绿色创新项目。

3. 教育水平和科技素养

社会的教育水平和科技素养对数字金融与绿色创新投资的潜在影响不容忽视。提高投资者和企业在数字金融和绿色科技方面的素养，使其更容易理解和接受相关的金融工具和创新投资项目，有助于推动数字金融与绿色创新投资的有机结合。

（六）交叉影响因素的复杂性

需要强调的是，数字金融创新对绿色创新投资的影响是一个复杂的系统工程，各种因素相互交织、相互影响。例如，技术因素可能受到政策法规的制约，而市场因素也可能受到社会认知的影响。综合因素的作用使得数字金融与绿色创新投资之间的关系变得十分复杂，因此需要综合考虑各个方面的因素。

（七）未来挑战和机遇

1. 挑战

技术风险：数字金融与绿色创新投资的结合可能面临一些技术上的风险，如区块链的安全性和大数据应用带来的隐私问题等。

政策不确定性：政策法规的变化可能对数字金融与绿色创新投资产生重大影响，因此不确定性是一个需要解决的难题。

市场波动：金融市场的波动可能对数字金融与绿色创新投资的效果带来一定的不确定性，尤其是在经济不稳定的时期。

2. 机遇

科技创新：随着科技的不断发展，新的数字金融工具和绿色创新技术将不断涌现，为二者更紧密的结合提供新的机遇。

政策支持：更多国家和地区对绿色创新投资和数字金融创新的政策支持将促进二者更好地融合。

社会意识提升：随着社会对可持续发展和环保的关注度增加，公众更容易接受和支持数字金融与绿色创新投资的结合。

数字金融创新对绿色创新投资的潜在影响因素是一个多层次、多领域的综合问题。技术、政策、市场和社会等方面的因素相互作用，共同塑造了数字金融与绿色创新投资的关系。未来，需要各方共同努力，加强国际合作，制定科学合理的政策框架，促使数字金融和绿色创新投资更好地融合，为可持续发展注入新的动力。

三、构建数字金融与绿色创新投资效率评估模型

（一）概述

数字金融与绿色创新投资的结合是推动可持续发展的重要途径，然而，如何评估这一结合的效率却是一个具有挑战性的问题。笔者将尝试构建一个综合的评估模型，以定量和客观地评估数字金融对绿色创新投资效率的影响。该模型旨在综合考虑技术、经济、社会等多个维度，为决策者提供科学的决策支持。

（二）模型构建

1. 指标选择

（1）技术维度

区块链应用程度：区块链技术在数字金融与绿色创新投资中的应用程度，反映了技术创新对效率的贡献。

大数据和人工智能应用程度：大数据和人工智能技术在数字金融平台上的应用程度，对提高投资决策效率具有重要作用。

（2）经济维度

融资效率：衡量数字金融平台对绿色创新项目融资效率的贡献，包括融资速度和融资规模等方面。

交易成本：数字金融在投资交易中的成本，如手续费、中介费用等，直接影响投资效率。

（3）社会维度

投资者参与度：衡量社会中投资者参与绿色创新投资的程度，包括投资人数、投资金额等。

社会认知度：社会对数字金融与绿色创新投资关系的认知程度的提升对于数字金融与绿色创新投资的有效结合至关重要。

（三）指标解释与数据采集

1. 技术维度指标解释

区块链应用程度：在数字金融平台中，区块链技术的应用情况，可以通过区块链应用数量和使用频率等指标进行衡量。

大数据和人工智能应用程度：数字金融平台是否整合了大数据和人工智能技术，以及这些技术在投资决策中的应用程度。

2. 经济维度指标解释

融资效率：数字金融平台的融资数据，包括项目融资速度、成功率、平均融资规模等指标。

交易成本：数字金融平台上的投资交易的成本情况，包括手续费、中介费用等。

3. 社会维度指标解释

投资者参与度：通过数字金融平台上绿色创新项目的投资者数量、投资金额等指标进行评估。

社会认知度：通过社会调查、媒体报道等方式，收集社会对数字金融与绿色创新投资关系的认知情况。

4. 数据采集

数据采集可以通过数字金融平台的相关统计数据、企业年报、第三方调研机构的报告及社交媒体报道等资料进行采集。在实际数据采集中，应结合不同来源的数据，以确保其综合性和准确性。

（四）模型评估方法

1. 数据标准化

在将不同维度的指标纳入模型之前，需要对这些指标进行标准化处理，以消除不同量纲的影响。常见的标准化方法包括 Min-Max 标准化和 Z 分数（Z-Score）标准化，应根据实际情况选择合适的方法。

2. 权重确定

为了确保模型的准确性，需要通过专家访谈、相关文献综述或数据分析等方式确定不同维度的权重。这些权重反映了各维度在整体效率评估中的重要性。

3. 效率评估

采用效率评估方法，如数据包络分析（Data Envelopment Analysis，简称 DEA）或基于权重的加权平均方法，对数字金融与绿色创新投资的效率进行量化评估。DEA 方法可以评估数字金融平台在各个维度的效率水平，也可以获得整体效率水平。

4. 灵活性和适应性考虑

模型需要具备一定的灵活性和适应性，因为数字金融与绿色创新投资的环境可能随时发生变化。因此，模型的指标和权重需要根据不同时期的实际情况进行调整，以确保模型的适应性。

（五）模型应用与政策建议

1. 模型应用

实际评估：利用该模型对数字金融与绿色创新投资的效率进行评估，为政府、金融机构和企业提供参考。

改进方向：通过分析模型的评估结果，找出数字金融与绿色创新投资中效率低下的环节，并提出改进建议。

2. 政策建议

技术培训和支持：针对模型中的技术维度，政府可以加强对数字金融从业人员在区块链、大数据和人工智能等领域的培训和支持。

降低交易成本：通过合理的政策手段，降低数字金融与绿色创新投资中的交易成本，鼓励更多投资者参与。

社会宣传和教育：通过加强社会宣传教育，提高公众对数字金融和绿色创新投资的认知度，提高社会的参与度。

监管和法规制定：政府可以通过完善监管和法规，规范数字金融与绿色创新投资的运作，以提高整体效率。

（六）模型的局限性和改进方向

1. 局限性

数据不确定性：模型的准确性受到数据质量和可获取性的限制，某些指标可能会存在不确定性。

权重确定主观性：权重的确定可能涉及主观判断，不同专家和研究者可能有不同的看法，从而影响模型的客观性。

2. 改进方向

数据多样性：模型可以进一步完善，通过引入更多的数据维度，提高模型的全面性和多样性。

专家咨询：在确定权重的过程中，可以引入更多的专家意见，结合专业知识和实践经验，以提高权重确定的客观性。

实时更新：模型需要保持灵活性，能够实时更新以适应数字金融与绿色创新投资领域的发展变化。

通过构建数字金融与绿色创新投资效率评估模型，可以更全面地考量二者之间的关系。该模型旨在为政府、金融机构和企业提供科学的决策支持，促进数字金融与绿色创新投资更好的结合，推动可持续发展。模型的建立需要多方合作，不断优化和改进，以适应快速变化的市场和技术环境。在模型的实际应用中，需要不断收集和更新相关数据，对数字金融与绿色创新投资领域有深入了解。

总体而言，数字金融与绿色创新投资效率评估模型的构建是一个复杂而有挑战性的任务，但它有望为促进可持续发展和经济绿色转型提供有力支持。政府、金融机构和企业应共同努力，通过不断改进和实践，推动该模型的实际应用，使其成为数字金融与绿色创新投资领域决策的重要工具。

四、整合大数据分析、人工智能技术，构建综合性研究框架

（一）概述

随着信息技术的飞速发展，大数据分析和人工智能技术在各行各业展现出强大的应用潜力。在这个数字化时代，整合大数据分析和人工智能技术已成为推动科学研究、商业决策和社会发展的关键要素。这里笔者旨在构建一个综合性研究框架，将大数据分析与人工智能技术融合，为不同领域的研究和应用提供全面的支持。

（二）大数据分析

1. 定义与特征

大数据分析是指对大规模数据集进行系统分析以提取信息和获取知识的过程。这些数据通常具有“3V”特征，即容量大（Volume）、多样性（Variety）、速度快（Velocity）。

2. 大数据分析的应用领域

（1）商业

市场趋势分析：基于大数据分析，了解消费者行为和市场趋势，为企业制定更有效的市场策略提供支持。

客户关系管理：通过分析大量客户数据，实现产品和服务的个性化，从而提高客户满意度和忠诚度。

（2）科学研究

生命科学研究：大数据分析在基因组学、蛋白质组学等领域的应用，促进了生命科学的发展。

社会科学研究：利用大数据分析方法，深入理解社会现象、趋势和关系，推动社会科学研究的发展。

（3）公共服务

城市规划：利用大数据分析，对城市交通和资源利用进行深入研究，提高城市规划的科学性和效率。

卫生健康：大数据在疾病监测和医疗资源分配等方面的应用，能够促进公共卫生事业的发展。

3. 大数据分析的挑战与问题

（1）数据隐私与安全

随着数据量的增加，数据隐私和安全成为亟待解决的问题。如何保障个人隐私，防范数据泄露，是大数据分析领域亟须解决的难题。

（2）数据质量与准确性

大数据集中可能包含噪声、不准确或不完整的数据，这可能导致分析结果的不准确。如何提高大数据的质量，确保分析结果的准确性，是大数据分析的挑战之一。

（三）人工智能技术

1. 定义与特征

人工智能（Artificial Intelligence，简称 AI）是一门研究如何使计算机完成人类智能行为的科学。人工智能技术模仿人类的思维和决策过程，通过学习和适应来提高性能。

2. 人工智能技术的应用领域

（1）机器学习

预测分析：机器学习算法可以通过对历史数据的学习，进行趋势预测和未来事件预测等。

图像和语音识别：人工智能在图像和语音识别领域取得了显著成就，广泛应用于安防、医疗等领域。

（2）自然语言处理

智能助手：自然语言处理技术可用于开发智能助手，如语音识别助手和自然语言对话系统。

情感分析：利用自然语言处理技术分析文本中的情感色彩，以了解用户的情感态度，这在社交媒体和市场研究中应用广泛。

（3）智能决策系统

金融风险管理：利用智能决策系统对金融市场的变化进行实时监测，提高决策的精准性和时效性。

医疗诊断：人工智能技术在医学影像分析、病症诊断等方面取得了显著成果。

3. 人工智能技术的挑战与问题

（1）数据依赖性

人工智能技术的训练和学习通常依赖于大量数据。然而，数据的质量和多样性对人工智能系统的性能至关重要。

（2）较低的可解释性

一些复杂的人工智能模型，尤其是深度学习模型，通常被认为是黑盒模型，难以解释其决策过程，这使得用户和决策者难以理解模型的工作原理，从而限制了人工智能技术在某些敏感领域的应用。

（3）伦理和法律问题

随着人工智能技术的广泛应用，伦理和法律方面的问题也日益凸显。例如，人工智能在担任决策角色时可能引发公平性和歧视问题，因此需要进行规范和监管。

（四）整合大数据分析与人工智能技术的研究框架

1. 数据采集与存储

在整合大数据分析与人工智能技术的研究框架中，首要任务是进行数据采集与存储。这包括从各种来源获取大规模、多样化、高速的数据，并将其存储在适当的平台上，以供后续分析和应用使用。

2. 数据预处理

大数据分析与人工智能技术对数据质量的要求较高，因此需要进行数据预处理工作。这包括去除噪声、处理缺失值、解决数据不一致性等，以确保数据质量符合模型和算法的要求。

3. 大数据分析与人工智能模型的选择

根据研究目标和数据特征，选择合适的大数据分析方法和人工智能模型。

例如，对于结构化数据，可以使用传统的数据分析方法；而对于非结构化数据，如图像和文本，可以考虑使用深度学习等人工智能技术。

4. 模型训练与优化

在选择好模型后，需要进行模型的训练和优化。对于大数据集，通常需要使用分布式计算和并行处理技术，以提高训练效率。同时，还需对模型进行参数调整和优化，以提高其性能和泛化能力。

5. 结果解释与应用

针对人工智能技术的可解释性问题，需要对模型的结果进行解释，以便决策者和用户理解模型的决策过程。同时，将研究结果应用于实际场景，以推动科学研究、商业决策或社会问题的解决。

（五）优势与挑战

1. 优势

（1）综合性

整合大数据分析与人工智能技术能够充分发挥二者的优势，提高数据深度挖掘和智能分析的水平，使研究更加全面和深入。

（2）高效性

大数据分析与人工智能技术的结合能够提高数据处理和分析的效率，加速研究进程，为决策提供更加及时的支持。

2. 挑战

（1）技术复杂性

整合大数据分析与人工智能技术需要处理不同类型和规模的数据，涉及多种复杂的技术和算法，对技术团队的要求也相对较高。

（2）数据隐私与伦理问题

大数据分析和人工智能技术的广泛应用可能涉及大量个人隐私数据，因此需要加强数据隐私保护和伦理规范，确保数据使用的合法性和公正性。

整合大数据分析与人工智能技术所构建的综合性研究框架具有巨大的潜力，能够推动科学研究、商业决策和社会发展。在面临技术复杂、数据隐私与伦理问题等挑战时，我们需要采取一系列措施，包括技术改进、法规制定和伦理指导等，以确保整合框架的可行性和可持续性。

在未来，我们期待更多关于大数据分析与人工智能技术整合的创新研究，以解决实际问题、推动产业进步，并为社会的可持续发展提供更为强大的支持。这需要跨学科的合作，包括计算机科学、数据科学、人工智能伦理学等领域的专家，共同致力于推动整合框架的发展。

在研究和实践中，我们需要关注技术的不断创新，特别是在大数据处理和人工智能算法方面的进步。同时，我们也要确保数据在隐私保护和伦理方面的合规性，建立完善的法律体系和行业标准。这样的综合研究框架将更好地服务于各个领域，为社会创新和发展提供智能化、高效化的支持。

第二章　数字金融的基础理论

第一节　数字金融的相关概念

一、数字金融的概念与范畴解析

（一）概述

数字金融是随着信息技术的快速发展而崛起的一种金融形态。它通过数字化、网络化和智能化的手段，深度整合了金融服务和科技创新，给传统金融体系带来了深刻的变革。这里笔者将从概念、特征、发展历程、关键技术和未来趋势等方面对数字金融进行深入解析，以便更好地理解数字金融的本质和影响。

（二）数字金融的概念

数字金融，是指利用先进的数字技术，包括但不限于大数据、人工智能、区块链等，对传统金融业务进行优化和创新，提供更高效、便捷、个性化的金融服务的一种新型金融形态。数字金融强调在数字化的基础上，通过技术手段重构金融业务和服务模式，以适应快速变化的市场需求。

（三）数字金融

（1）数字化

数字金融的本质是数字化，即将传统金融活动转化为数字形式进行处理。这包括数字货币、电子支付和电子银行等，大大提高了金融交易的效率和便捷性。

（2）创新性

数字金融强调技术创新，不仅仅是对传统金融的数字化转型，更是对金融业务模式、产品和服务的创新。新兴技术的不断应用推动了金融业务的全面发展。

（3）开放性

数字金融倡导开放合作，通过开放的应用程序接口（Application Programming Interface，简称 API）和合作生态系统，实现不同金融机构、科技公司和创业企业之间的合作与共赢。这种开放性的特征有助于形成更加丰富多样的金融服务生态。

（4）智能化

人工智能在数字金融中发挥着重要作用，包括智能风险管理、智能客服和智能投顾等。借助机器学习和深度学习等技术，数字金融能够更好地理解用户需求，提供个性化服务。

（四）数字金融的发展历程

1. 起源与初期阶段

数字金融的发展可以追溯到 20 世纪 90 年代，当时互联网技术开始崭露头角。最初的数字金融主要表现为电子支付和在线银行服务。尽管这些服务相对简单，但它们为用户提供了更便捷的交易方式。

2. 科技创新的崛起

随着移动互联网和智能手机的普及，数字金融进入了创新的黄金时期。移动支付、P2P 借贷、众筹等新型业务模式相继涌现，金融科技公司崭露头角，开始挑战传统金融机构的地位。

3. 区块链与数字货币

区块链技术的兴起为数字金融注入了新的活力。数字货币的出现推动了去中心化支付和资产交换的概念，同时区块链在金融结算、合约执行等方面展现了强大的潜力。

4. 金融科技生态的形成

数字金融逐渐形成了一个庞大的金融科技生态系统。金融科技公司、传统金融机构、科技巨头和初创企业之间建立了复杂而丰富的合作网络，各方通过共享数据和资源，共同推动数字金融的发展。

（五）数字金融的关键技术

1. 大数据分析

大数据分析是数字金融的基础技术之一。通过对海量数据的收集、存储、处理和分析，金融机构能够更好地了解客户需求、降低风险，并优化产品和服务。

2. 人工智能

人工智能在数字金融中发挥着关键作用。智能风险管理、智能客服、智能投顾等应用使金融服务更加个性化、高效和智能化。

3. 区块链技术

区块链技术为数字金融提供了去中心化、安全可信的解决方案，在数字货币、智能合约、供应链金融等方面都有广泛的应用。

4. 云计算

云计算技术为数字金融提供了灵活、高效的计算和存储资源。金融机构可以通过云平台快速部署应用，提高运营效率，并降低成本。云计算还支持数字金融的创新和扩展，为金融服务提供更大的可扩展性和灵活性。

5. 5G 技术

随着 5G 技术的成熟和推广，数字金融将迎来更高的网络速度和更短的延迟。

这对于实现实时交易、移动支付和金融服务的全球化具有重要意义，为数字金融的进一步发展提供了强有力的技术支持。

（六）数字金融的影响因素

1. 技术创新

技术创新是数字金融快速崛起的关键因素。随着大数据、人工智能、区块链等技术的不断发展，数字金融在业务模式、产品和服务方面实现了深刻的创新。

2. 法规与监管

数字金融涉及大量的用户数据和资金流动，因此法规和监管是影响数字金融发展的重要因素。不同国家和地区的法规环境和监管政策直接影响数字金融公司的运营和创新。

3. 用户需求与体验

数字金融的成功离不开对用户需求的深刻理解和卓越的用户体验。数字金融机构需要通过数据分析等手段了解用户的真实需求，并提供更加贴合用户期望的金融服务。

4. 安全与隐私

数字金融的发展面临着安全和隐私的双重挑战。在数字金融中，用户的个人信息、交易数据等都需要得到严格的保护，安全性已成为数字金融体系的核心关注点。

（七）未来趋势与展望

1. 普及数字货币

数字货币是数字金融领域的一个重要方向。多国央行已经或正在推动数字货币的研发和试点，数字货币的普及有望改变传统货币的发行和流通方式，进一步推动数字金融的发展。

2. 强化智能化服务

随着人工智能技术的不断成熟，数字金融将更加注重智能化服务。从智能投顾到智能客服，人工智能将在金融服务中扮演更为重要的角色，提升用户体验和服务效率。

3. 推动开放银行发展

开放银行模式将成为数字金融的重要发展方向。通过开放 API，不同金融机构之间可以实现更紧密的合作，形成更加开放和共享的金融服务生态系统。

4. 强化数字金融风险管理

随着数字金融的快速发展，风险管理也变得更加复杂。未来，数字金融机构需要不断加强风险识别、评估和控制，以保障金融体系的稳健运行。

5. 加强合规与社会责任

随着数字金融的崛起，金融科技公司需要加强合规管理，遵循相关法规和伦理标准。同时，应注重社会责任，积极参与金融普惠和可持续发展等方面的工作。

数字金融作为金融领域的新生力量，正以前所未有的速度推动金融行业的变革。通过数字化、智能化和创新手段，数字金融不仅提高了金融服务的效率和便捷性，还拓展了金融业务的边界，引领金融行业向更加开放、智能和可持续的方向发展。随着技术的不断创新和社会需求的持续变化，数字金融有望在未来继续发挥更重要的作用，推动整个金融体系向更高水平迈进。

二、数字金融相较传统金融的关键特征

（一）概述

随着科技的不断发展，数字金融作为金融业的新兴形态，与传统金融相比展现出一系列显著的差异。数字金融以其独特的特征迅速崛起，深刻影响着金融服务的提供方式、用户体验及整个金融行业的生态结构。这里笔者将重点探讨数字金融相较于传统金融的关键特征，以便更好地理解这一金融创新的本质和影响。

（二）数字金融的数字化特征

1. 电子支付与数字货币

在传统金融中，现金支付和银行卡交易是主要的支付方式。而数字金融推动了电子支付的普及，数字货币通过区块链技术实现了去中心化的交易方式。这种数字货币的出现使支付更加便捷，降低了交易成本，减少了支付过程中的中间环节。

2. 数据驱动的决策

数字金融在其运营和服务中广泛应用大数据分析技术。通过收集、处理和分析海量数据，数字金融机构能够更准确地了解用户行为、预测市场趋势和评估风险等。相比之下，传统金融在这方面的能力相对较弱，往往依赖于传统的风险评估模型和统计方法。

3. 开放式 API 与合作生态

数字金融注重开放合作，采用开放式 API 架构，使不同的金融机构和科技公司能够更方便地共享数据和服务。这种开放的合作生态有助于形成更加丰富和多元化的金融服务，同时也加速了金融创新。

4. 人工智能驱动的智能化服务

人工智能技术在数字金融中扮演着重要角色，实现了智能化服务。智能客服、智能投顾、智能风险管理等应用大幅提高了金融服务的个性化程度和效率。相比之下，传统金融机构在这些方面的发展相对有限。

（三）创新商业模式

1. 移动支付与 P2P 借贷

数字金融推动了移动支付和 P2P 借贷等新型业务模式的兴起。移动支付通过智能手机实现了支付工具的移动化，使用户能够随时随地进行支付。P2P 借贷则通过在线平台连接出借人和借款人，挑战了传统金融机构的中介地位，提供了更加灵活的融资渠道。

2. 区块链与智能合约

区块链技术是数字金融领域的一项重要创新。通过去中心化、不可篡改的分布式账本，它实现了金融交易的透明和安全。智能合约通过自动执行合同条款，减少了交易中的信任成本，提高了合同的执行效率。

3. 开放银行模式

数字金融强调开放合作，推动了开放银行模式的发展。传统金融机构通过开放 API，使得第三方服务提供商可以接入其系统，为用户提供更加多元化的金融服务。这种开放的合作模式打破了传统金融机构的封闭性，促使金融服务更加贴近用户需求。

（四）用户体验的革新

1. 个性化服务

数字金融通过大数据和人工智能技术实现了对用户行为的深度分析，能够更好地了解用户的需求和喜好。基于这些数据，数字金融机构能够提供更加个性化的金融服务，从而提升用户体验。

2. 移动化

相较于传统金融机构烦琐的办理流程，数字金融更加注重移动化服务。用户可以通过智能手机随时随地进行银行业务操作，无论是查询账户余额还是进行投资理财，都变得更加便捷。

3. 实时交互

数字金融通过在线平台和移动应用实现了实时交互。用户可以通过手机应用随时查询交易记录、获取行情信息，并与金融机构实时互动，这使得金融服务更加及时和灵活。

（五）风险与挑战

1. 安全与隐私问题

数字金融涉及大量用户数据和资金流动，因此安全和隐私问题成为其发展过程中需要重点关注的挑战。网络攻击、数据泄露等问题可能对用户造成严重影响，因此数字金融机构需要采取一系列有效的安全措施，包括加密技术和多重身份验证等，以确保用户信息和资金的安全。

2. 法规与监管压力

数字金融的快速发展给监管部门带来了新的挑战。由于其创新性和高度复杂性，监管机构需要不断调整法规框架以适应数字金融的发展。同时，对数字金融的监管也需要更加全面和及时，以确保金融市场的稳定和用户的权益。

3. 技术风险与不确定性

数字金融依赖于先进的科技，包括大数据、人工智能、区块链等。这些技术虽然带来了创新和便利，但也伴随着一定的技术风险和不确定性。例如，智能合约的安全性、大数据分析的准确性等方面都需要不断地研究和改进。

4. 数字鸿沟与金融包容

尽管数字金融为部分人群提供了更便捷的金融服务，但数字鸿沟的存在仍然是一个挑战。一些地区或人群可能由于技术水平、教育水平等原因无法充分享受数字金融带来的便利，这可能导致金融包容性问题。

（六）未来展望

1. 引领金融业创新

数字金融作为金融科技的代表，将继续引领金融业的创新。未来，我们有望看到更多基于区块链的金融服务、更智能化的投资理财产品及更加开放的金融生态系统。

2. 提升金融服务效率

数字金融的发展将进一步提升金融服务的效率。通过智能化和自动化的技术手段，金融机构能够更迅速地响应用户需求，更快速地处理交易，并提供更加个性化的服务。

3. 促进金融普惠

数字金融有望成为实现金融普惠的有效工具。通过提供更加灵活、便捷且低成本的金融服务，数字金融能够让更多人群融入金融体系，降低金融服务的门槛，实现更广泛的金融包容。

4. 拓展金融边界

数字金融的创新将拓展金融的边界。以去中心化金融为代表的新兴业务模式将挑战传统金融的边界和垄断，促使金融行业更加多元化和开放。

5. 加强安全保障

随着数字金融的发展，安全问题将更加突出。未来的发展需要数字金融机构加强安全技术的研发，建立更加健全的安全体系，以保障用户的资金和信息安全。

数字金融相较于传统金融体系具有许多显著特征，包括数字化、创新性的商业模式、开放式 API 与合作生态，以及用户体验的革新等。这些特征使得数字金融在金融服务的提供方式、用户体验和整个金融行业的生态结构上都引发了深刻变革。尽管数字金融面临一系列挑战，如安全与隐私问题、法规与监管压力等，但其未来发展仍将引领金融业不断创新，提升服务效率，促进金融普惠，拓展金融边界，为全球金融体系注入新的活力。

三、数字金融的历史演变与未来趋势

（一）概述

数字金融作为金融业的新生力量，其发展历程承载了科技创新与金融融合的深刻变革。这里笔者将追溯数字金融的历史演变，从其起源、初期阶段到科技创新的崛起，再到当前的关键技术和商业模式，最终展望数字金融的未来趋势。通过全面回顾和展望，我们可以更好地理解数字金融的发展轨迹和潜在发展方向。

（二）起源与初期阶段（20 世纪 90 年代）

数字金融的起源可以追溯到20世纪90年代，当时互联网技术开始崭露头角。最初的数字金融主要体现在电子支付和在线银行服务上。电子支付系统的引入使人们能够通过电子方式完成支付，极大地提高了交易的便捷性。同时，在线银行服务的兴起也为用户提供了更灵活、更方便的金融服务途径。

（三）科技创新的崛起（21 世纪初至今）

1. 移动互联网与智能手机

随着移动互联网的普及，特别是智能手机的广泛应用，数字金融进入了创新的黄金时期。2007 年，苹果发布了第一代 iPhone，开启了智能手机时代的序幕。移动互联网的快速发展和智能手机的普及为数字金融的创新提供了坚实的基础。用户可以随时随地通过手机访问金融服务，这促成了移动支付、P2P 借贷等新型业务模式的兴起。

2. 金融科技公司的崛起

2008 年金融危机后，人们开始反思传统金融体系的问题，同时科技创新不断推动数字金融的发展。金融科技公司应运而生，它们以灵活的组织结构、敏捷的创新能力和先进的技术手段，迅速崛起并挑战传统金融机构的地位。这些公司通过引入大数据、人工智能、区块链等技术，推动了金融服务的数字化和智能化。

3. 区块链与数字货币

区块链技术的兴起为数字金融注入了新的活力。2009 年，中本聪发布了比特币，开创了数字货币的时代。区块链作为底层技术，通过去中心化、不可篡改的分布式账本，为金融交易提供了更安全、更透明的解决方案。数字货币的出现也使得支付和资产交换更为去中心化，突破了传统金融体系的界限。

（四）数字金融的演进与趋势

1. 金融科技的全球化

随着数字金融技术的普及，金融服务变得更加全球化。跨境支付、数字货币的发展，以及全球金融科技公司的崛起，都推动了金融服务的全球化。未来，数字金融有望进一步促进全球金融体系的融合。

2. 引入数字货币

随着中央银行数字货币（Central Bank Digital Currency，简称 CBDC）的研发和试点，数字货币将成为数字金融领域的重要发展方向。数字货币的出现有望提高支付效率，减少交易成本，同时也对传统货币和金融体系产生深远影响。

3. 智能合约的推广

区块链技术中的智能合约，即自动执行合同条款的程序，将在数字金融中得到更广泛的应用。智能合约能够提高合同执行的效率，减少争议，并推动更复杂的金融产品和服务的创新。

4. 开放银行的发展

开放银行模式将成为数字金融的重要发展方向。通过开放 API，不同金融机构之间可以实现更紧密的合作，形成更加开放和共享的金融服务生态系统。这将推动金融服务更加个性化和灵活化。

5. 金融科技与可持续发展

数字金融有望与可持续发展目标相结合，推动绿色金融和社会包容。金融科技公司可以通过创新的金融产品和服务，促进可持续投资和履行社会责任，为全球可持续发展做出更大贡献。

6. 人工智能与个性化服务

随着人工智能技术的不断发展，数字金融将更加注重智能化服务。从智能投顾到智能客服，人工智能将在金融服务中扮演更加重要的角色，提升用户体验和服务效率。

（五）未来数字金融的展望

数字金融作为金融科技的代表，未来将继续发挥关键作用。从全球化、数字货币、智能合约到开放银行，数字金融将在多个方面迎来更多创新。同时，数字金融还需面对一系列挑战，如安全性、法规环境、技术的不断演进等。为了保持可持续发展，数字金融机构需要不断创新、合规运营，并关注社会责任，推动数字金融与可持续发展目标的有机结合。

数字金融在不断演变中，从起源和初期阶段的电子支付、在线银行服务，到科技创新崛起阶段的移动互联网、区块链、人工智能等技术的应用，再到当前的关键技术和商业模式，呈现出丰富多彩的发展历程。未来，数字金融将在全球范围内引领金融科技创新，推动金融服务更加全球化、数字化、智能化。在这一过程中，数字金融将与可持续发展目标相结合，为社会、经济和环境的可持续发展做出积极贡献。

第二节　数字金融理论基础

一、数字金融理论的主要演进阶段

（一）概述

数字金融理论的演进是一个逐步完善和深化数字金融发展理论体系的过程。随着科技的不断进步和金融业务的创新，数字金融理论逐渐从最初的概念提出，发展到适应不同阶段的理论体系形成。这里笔者将探讨数字金融理论的主要演进阶段，从其起源和初步形成，到后来的扩展和深化，最终形成当前较为成熟的理论框架。

（二）起源与初步形成阶段

1. 数字化金融服务概念的提出

数字金融理论的最早阶段可以追溯到数字化金融服务概念的提出。随着互联网技术在 20 世纪 90 年代末的兴起，金融服务开始逐渐数字化。电子支付、在线银行等服务首次在理论上被提及，尽管当时这些概念还相对模糊。

2. 电子商务与金融融合

随着电子商务的兴起，数字金融理论逐渐与电子商务理论相融合。金融服务在电子商务平台上的整合与创新成为研究的热点。数字金融开始被视为电子商务中的一个重要支撑要素，理论上强调了金融服务数字化对商业模式和用户体验的影响。

3. 金融科技的初步探讨

进入 21 世纪，随着金融科技概念的提出，数字金融理论逐渐与金融科技理论相融合。金融科技的涌现推动了数字金融的快速发展，理论研究逐渐关注金融服务与技术创新的结合。

（三）扩展与深化阶段

1. 移动互联网与数字金融

随着移动互联网的兴起，数字金融理论开始关注移动端技术对金融服务的影响。移动支付、移动银行等新型金融服务模式成为理论研究的重点。数字金融开始强调用户体验、移动化服务及随时随地的金融服务需求。

2. 区块链与数字货币

区块链技术的出现为数字金融理论注入了新的元素。数字货币、智能合约等概念进入了研究视野，数字金融理论开始思考去中心化、不可篡改和智能化合约等技术对金融体系的颠覆性影响。

3. 大数据与人工智能

大数据和人工智能的崛起成为数字金融理论的又一推动力。理论关注点逐渐从数字化服务的提供转向数据驱动的金融决策、个性化服务以及风险管理等方向。数字金融理论强调数据资产的价值，以及人工智能在金融领域的广泛应用。

4. 开放银行与 API 经济

开放银行模式和 API 经济的兴起为数字金融理论提供了新的范式。理论开始关注金融机构如何通过开放 API 实现更广泛的合作，从而形成开放的金融生态系统。数字金融理论逐渐强调金融服务的开放性、可扩展性和创新性。

（四）当前较为成熟的理论框架

1. 金融科技创新理论

金融科技创新理论强调了金融科技在金融体系中的推动作用。该理论深入研究了金融科技创新的动力、机制和影响，关注其对金融市场、金融机构和监管带来的挑战与机遇。

2. 金融数字化转型理论

数字金融的数字化转型理论关注金融机构在数字时代的转型过程。该理论涉及组织结构、业务模式、技术架构等方面的创新，强调数字化对整个金融体系产生的深刻影响。

3. 金融科技生态理论

金融科技生态理论强调金融科技在多元化合作和生态系统中的重要地位。该理论逐渐关注金融机构、科技公司和监管机构之间的协同作用，以及金融科技发展的全球性和系统性问题。

4. 可持续金融科技理论

可持续金融科技理论关注数字金融如何融入可持续发展的理念，探讨数字金融在推动绿色金融、社会包容和经济发展等方面的可持续贡献探讨：数字金融作为一种推动可持续发展的工具，如何促进社会、环境和经济的共同繁荣。

5. 金融科技伦理与法规理论

随着数字金融的发展，伦理和法规的问题也逐渐成为研究关注的焦点。金融科技伦理与法规理论关注数字金融活动中涉及的伦理道德、隐私保护、风险管理等方面的问题，并提出相应的法规框架。

（五）未来发展方向

1. 强化跨学科研究

未来数字金融理论的发展将更加注重跨学科的研究方法。数字金融涉及金融、计算机科学、数据科学、法学等多个领域，未来的研究需要更广泛的学科交叉，以更全面地理解和解决数字金融中的复杂问题。

2. 加强实证研究

理论研究需要更多实证研究的支持。通过对数字金融实际案例的深入分析，研究者可以更好地了解数字金融在实际应用中的表现、效果和问题。实证研究有助于将研究成果从理念层面转向实践层面。

3. 关注金融科技的社会影响

未来的理论研究应更加关注金融科技对社会的影响。这包括但不限于数字金融在社会平等、金融包容、就业市场和教育等方面的影响。理论研究应更注重数字金融的社会责任，以促使其更好地服务于整个社会。

4. 着眼全球金融治理

随着数字金融的全球化发展，理论研究需要更加注重全球金融治理的问题。数字金融的发展不仅是一个国家或地区的问题，还涉及全球金融体系的平衡、合作和监管等方面的挑战。

5. 探讨数字金融与未来技术融合

未来数字金融理论仍需不断探讨其与前沿技术的融合，包括但不限于量子计算、5G 技术、生物识别等新兴技术。这些技术如何与数字金融相互作用，将是推动数字金融发展的关键所在。

数字金融理论的演进经历了多个阶段，从最初的概念提出到如今形成较为成熟的理论框架。起初，数字金融理论主要关注数字化金融服务的概念及其与现有金融体系的融合，随后逐渐深入到研究移动互联网、区块链、大数据、人工智能等技术的影响。目前，数字金融理论形成了多个相对成熟的分支，包括金融科技创新理论、金融数字化转型理论、金融科技生态理论、可持续金融科技理论，以及金融科技伦理与法规理论等。

未来，数字金融理论的发展方向包括强化跨学科研究、加强实证研究、关注金融科技的社会影响、着眼全球金融治理，以及探讨数字金融与未来技术的融合。这些方向将推动数字金融理论更加贴近实际，更全面、深刻地解析数字金融的发展与挑战。

二、数字金融在金融体系中的定位与作用

（一）概述

随着科技的飞速发展，数字金融作为金融体系中的新生力量逐渐崭露头角，对传统金融方式产生了深刻的影响。数字金融涵盖了众多技术和创新，如移动支付、区块链和人工智能等。这些技术的融合赋予了金融服务更高的效率、创新能力，以及全球化的可能性。这里笔者将深入探讨数字金融在金融体系中的定位与作用，分析其对金融生态系统、经济体系及社会发展的深远影响。

（二）数字金融的特征

数字金融具有多项关键特征，包括：

1. 数字化：数字金融的核心是数字化，通过将传统金融活动数字化，实现线上化、无纸化的金融服务。

2. 创新性：数字金融引入了众多新技术和商业模式，推动了金融服务的创新，如智能合约、区块链等。

3. 全球化：数字金融能够突破地域限制，实现全球范围内的金融服务，促进金融体系的全球化。

4. 个性化服务：基于大数据和人工智能技术，数字金融可以提供更加个性化和精准的金融产品和服务，以满足用户多样化的需求。

（三）数字金融在金融体系中的定位

1. 从辅助到主导

在初始阶段，数字金融主要起到辅助传统金融的作用，提供一些便捷的金融服务，如在线支付和电子银行等。随着技术的发展和创新的推进，数字金融逐渐从辅助地位上升为金融体系中的主导力量。金融科技公司崛起，通过创新的商业模式和技术手段，对传统金融机构构成了挑战，数字金融逐渐成为塑造金融未来格局的主要力量。

2. 服务实体经济

数字金融在金融体系中的另一个重要作用是服务于实体经济。通过数字化手段，金融服务能够更好地满足实体经济的需求。例如，小微企业可以通过数字金融平台获得更便捷的融资服务，个体经济主体可以享受到更个性化的金融产品。数字金融通过降低金融交易成本、提高金融效率，推动了实体经济的发展。

3. 金融创新与可持续发展

数字金融在金融体系中的另一个重要定位是推动金融创新与可持续发展。通过引入新技术和新模式，数字金融促进了金融服务的创新，支持了绿色金融、普惠金融等可持续发展目标的实现。数字金融的发展不仅带来了商业机会，也使金融更好地服务于社会和环境的可持续发展。

（四）数字金融的作用

1. 促进金融创新

数字金融作为金融创新的重要推动力，通过引入新技术和商业模式，推动了金融服务的创新。智能合约、区块链、人工智能等技术的应用，使金融产品和服务更加灵活、高效，满足用户多样化的需求。金融科技公司通过创新的业务模式挑战传统金融，加速了整个金融体系的创新步伐。

2. 提高金融服务效率

数字金融的引入使金融服务更加高效。通过移动支付、在线银行等数字化手段，用户可以随时随地完成金融交易，大大提升了金融服务的便捷性。同时，大数据和人工智能的应用使金融机构能够更准确地了解用户需求，提供个性化服务，进一步提高了金融服务的效率。

3. 降低金融交易成本

数字金融的普及和数字化降低了金融交易的成本。在传统金融中，涉及复杂的流程、纸质文件和人力资源等因素，这些都会增加金融交易的成本。而数字金融的引入简化了许多流程，提高了自动化程度，从而有效降低了金融交易的成本。这对于个人和企业来说，意味着可以享受更加经济实惠的金融服务，同时也为金融机构提供了更具竞争力的运营方式。

4. 拓展金融服务的边界

数字金融为拓展金融服务的边界创造了可能。通过互联网和移动通信技术，数字金融能够突破地理限制，将金融服务延伸到之前难以触及的地区。尤其是在发展中国家，数字金融为大量未能获得传统银行服务的人口提供了金融入口，推动了金融服务的普及和包容性的提升。

5. 推动金融全球化

数字金融的全球化特性使金融服务不再受限于国界。全球范围内的数字支付、跨境金融服务等得以更便捷地实现。这不仅促使金融机构进军国际市场，也为用户提供了更广泛的金融选择，推动金融体系朝着更加全球化的方向发展。

6. 促进金融普惠和社会包容

数字金融在金融体系中的作用还体现在促进金融普惠和社会包容方面。通过数字金融，那些传统金融体系难以覆盖的群体，尤其是农村和贫困地区的居民，可以更容易地获得金融服务。数字金融技术以其低成本和高效率，为普惠金融提供了可行的手段，拉近了金融服务与普通民众的距离。

（五）数字金融对金融体系的影响因素

1. 技术创新

技术创新是数字金融能够发挥作用的关键因素。区块链、人工智能、大数据等先进技术的不断创新与应用，推动了数字金融的发展。技术创新不仅提升了金融服务的效率，还催生了许多新型金融产品和服务，深刻改变了传统金融的运作方式。

2. 政策环境

政策环境在推动和引导数字金融方面发挥着关键作用。鼓励金融科技创新、提供优惠政策以及加强监管，能够促使数字金融更好地服务实体经济，同时保障金融体系的稳定。政策的清晰和稳定有助于数字金融在金融体系中更好地发挥作用。

3. 金融机构的接受程度

数字金融的推动与金融机构的接受程度密切相关。一些金融机构能够迅速适应数字金融的发展，通过合作或独立创新，更好地融入数字时代。然而，一些保守的金融机构可能面临数字化转型的阻力，从而影响数字金融在金融体系中的推广和发展。

（六）挑战与展望未来

1. 安全与隐私问题

随着数字金融的普及，安全与隐私问题愈发突出。金融信息的数字化传输使金融机构和用户面临更多的网络安全威胁。加强数字金融的安全体系、保护用户隐私成为亟待解决的问题。

2. 不平等问题

数字金融的发展也可能导致一些不平等问题。那些数字化程度较低的群体可能因为技术差距而在获取金融服务时被边缘化。因此，需要采取措施确保数字金融的发展是普惠的，防止任何人在数字化浪潮中掉队。

3. 监管挑战

数字金融的迅猛发展也给监管带来了挑战。监管机构需要迅速适应数字金融的发展，以保障金融市场的稳定。然而，过度监管和监管不足都可能对数字金融的健康发展造成负面影响。

4. 技术演进的不确定性

技术的快速演进也带来了不确定性。新兴技术的涌现可能使旧有的数字金融模式迅速过时，而机构需要不断适应新技术的变化，以确保数字金融的可持续发展。技术的快速演进还可能引发一些伦理和法律方面的问题，需要及时进行监管和规范。

数字金融作为金融体系中的新力量，其定位与作用正在不断演变和深化。从辅助传统金融到成为主导力量，从服务实体经济到推动金融创新与可持续发展，数字金融正深刻地改变着金融生态系统。其关键作用包括促进金融创新、提高金融服务效率、降低金融交易成本、拓展金融服务的边界、推动金融全球化以及促进金融普惠和社会包容。

然而，数字金融的发展也面临一系列挑战，如安全与隐私问题、不平等问题、监管挑战以及技术演进的不确定性。解决这些挑战需要政府、金融机构、技术公司等多方合作，共同推动数字金融的可持续发展。

未来，数字金融有望迎来更广泛的金融普惠、更健康的金融生态，以及全球金融合作的新阶段，同时与数字经济领域更深入地融合，共同推动经济的创新与发展。在这一过程中，需要保持对技术、政策和市场的敏感性，灵活应对各种挑战，实现数字金融的可持续繁荣。

三、数字金融发展中所面临的理论挑战

（一）概述

随着科技的飞速发展，数字金融作为金融领域的创新力量，正迅猛发展并在全球范围内产生深远影响。然而，数字金融的发展不仅面临技术、政策等实际问题，还面临一系列理论挑战。这里笔者将深入探讨数字金融发展中所面临的理论挑战，包括但不限于定义问题、创新理论、监管理论等方面的困境，以期更好地理解数字金融的本质、发展趋势以及如何应对未来的挑战。

（二）数字金融的定义问题

1. 多元定义的困扰

数字金融的定义呈现出多元化的现象，不同领域和学科对数字金融的理解存在差异，这给理论研究带来了一定的困扰。金融学、计算机科学、经济学等领域对数字金融的关注点和侧重点各不相同，导致了关于数字金融本质的多元定义。

2. 技术导向与服务导向的矛盾

数字金融不仅包括金融服务的数字化，还涉及利用技术创新推动金融业务发展。然而，数字金融究竟是更加注重技术的应用，还是更关注于提供更优质的金融服务，在理论上存在模糊性。这一矛盾对数字金融的理论框架提出了更高的要求。

（三）数字金融的创新理论问题

1. 创新理论的不足

尽管数字金融在实践中进行了大量创新，但相关的创新理论体系相对滞后。当前的金融创新理论主要基于传统金融业务的演化，对于数字金融这一全新领域的创新机制、创新逻辑等方面尚未形成系统的理论框架。

2. 技术与金融的交叉融合问题

数字金融的创新涉及技术与金融的深度融合，然而，现有的理论框架并尚未充分解释这一交叉融合的机制。技术变革，如区块链和人工智能如何影响金融体系，以及金融业务创新如何利用技术手段，这些问题在理论上仍然存在不确定性。

（四）数字金融监管理论问题

1. 监管框架的滞后

数字金融的迅速发展使传统的金融监管框架显得滞后，无法有效监管数字金融业务的各个层面。当前的监管体系面临着如何适应数字金融创新、保障金融体系稳定的问题，需要在理论上找到一种更加灵活且适应性更强的监管框架。

2. 法规与技术的冲突

在数字金融的发展过程中，法规与技术之间的冲突是一大理论难题。新兴技术的发展速度往往超越了法规的制定与更新速度，导致监管滞后和法规空白。同时，法规的出台也可能对技术创新带来限制，这使得在数字金融领域寻求法规与技术之间的平衡成为一项挑战。

（五）数字金融可持续发展理论问题

1. 可持续金融科技理论的不足

尽管数字金融在金融可持续发展中发挥着重要作用，但相关的理论研究仍显不足。如何通过数字金融更好地推动可持续金融发展，以及如何在环境、社会、经济等方面实现可持续性，这些问题需要深入的理论探讨。

2. 社会责任理论的缺失

数字金融机构在日常运营中承担着更多的社会责任，然而，关于社会责任的理论相对缺乏。数字金融机构如何在追求经济效益的同时履行社会责任，以及如何在技术创新中考虑可持续发展的要求，需要在理论上形成更为完善的框架。

（六）数字金融的伦理与法律问题

1. 个人隐私与数据安全问题

数字金融在提供便利的同时，涉及大量用户数据的收集与处理，引发了对个人隐私与数据安全的关注。目前的伦理理论尚未充分涵盖数字金融中隐私保护的各个方面，也缺乏完善的法律体系。

2. 金融科技伦理与法治的平衡问题

数字金融在融合科技的同时，也引发了伦理与法治方面的问题。例如，人工智能决策的公正性与透明度，以及智能合约的法律责任等问题都需要更为深入的理论探讨。数字金融涉及社会与法治的关系，需要建立更为健全的法律体系，以确保数字金融的合法合规运作。

（七）数字金融的行为经济学问题

1. 用户行为的复杂性

数字金融在很大程度上依赖用户的参与和行为，但用户行为的复杂性给数字金融的理论框架带来了挑战。用户在数字金融平台上的决策、信任、风险偏好等行为需要更为深入的行为经济学研究，以便更好地理解和预测用户行为。

2. 信息不对称与逆向选择问题

在数字金融领域，信息不对称和逆向选择问题依然存在。用户与和金融机构之间的信息不对称可能导致市场出现不公平和低效的情况。如何在数字金融中解决这些问题，需要进行更深入的行为经济学研究。

（八）数字金融的未来发展方向

1. 理论创新的必要性

为了更好地应对上述挑战，数字金融领域需要更多的理论创新。在数字金融的基础上，需要建立更为系统、完备的理论框架，包括数字金融创新的动力机制、数字金融监管的理论基础以及数字金融的社会责任等方面。

2. 跨学科研究的重要性

数字金融的理论问题需要跨学科的研究，包括金融学、计算机科学、法学、经济学等多个领域的跨学科研究可以帮助更好地理解数字金融的复杂性，并推动数字金融理论的全面发展。

3. 增强可持续发展研究

面对数字金融在金融可持续发展中的重要角色，需要加强与可持续发展相关的理论研究，包括数字金融如何推动绿色金融，以及数字金融与社会责任的理论构建等方面的研究。

4. 强调伦理与法治研究

数字金融的发展离不开伦理与法治的支撑。强调伦理与法治的研究可以建立更加健康的数字金融生态，保障用户权益，同时也促使数字金融机构更加注重社会责任。

数字金融的发展不仅在技术和商业模式上不断创新，也在理论层面面临多重挑战。这里笔者从数字金融的定义、创新理论、监管理论、可持续发展理论、伦理与法治、行为经济学等多个维度，对数字金融发展中所面临的理论挑战进行了深入分析。

未来数字金融的发展需要更为系统和完善的理论框架，这需要学术界、行业界以及监管机构的共同努力。跨学科研究、理论创新以及强调伦理与法治的研究等，都将是数字金融理论发展的重要方向。随着理论的不断完善，数字金融将更好地服务于社会，促进金融的可持续发展。

第三节　数字金融的风险识别与分类

一、数字金融领域常见的风险类型

随着数字金融的蓬勃发展，各种金融活动逐渐数字化，为用户提供更便捷、高效的服务。然而，数字金融的迅速发展也伴随着一系列风险，这些风险涉及技术、运营、法律、安全等多个方面。这里笔者将深入探讨数字金融领域常见的风险类型，包括但不限于技术风险、运营风险、市场风险、法律合规风险及信息安全风险。

（一）技术风险

1. 技术漏洞与安全性问题

数字金融依赖于先进技术来支撑其运作。然而，技术漏洞可能导致系统安全性受到威胁。黑客攻击、恶意软件、网络病毒等可能利用这些漏洞侵入数字金融系统，导致数据泄露、资金被盗等风险。

2. 技术升级的挑战

随着技术的不断发展，数字金融机构需要不断升级其技术和基础设施以保持竞争力。然而，技术升级可能面临与现有系统难以兼容、成本过高及员工培训难度大的问题，这些都可能带来业务中断和效益降低的风险。

3. 数据质量与准确性问题

数字金融依赖于大量数据的支撑，而数据的质量和准确性直接影响金融决策的正确性。数据质量问题可能导致错误的风险评估和不准确的客户画像，进而影响金融机构的业务决策和运营。

（二）运营风险

1. 业务流程风险

数字金融机构的复杂业务流程可能会面临操作风险。人为失误、系统故障、流程漏洞等问题可能导致业务流程中断，从而对用户服务和机构声誉造成影响。

2. 人才流失与员工管理问题

数字金融行业对高素质人才的需求巨大，然而，人才的流失可能会导致业务操作和创新能力的下降。此外，员工内部行为不当和违规操作也是运营风险的重要来源。

3. 合作伙伴风险

数字金融机构通常需要与多个合作伙伴进行业务合作，包括技术提供商、支付机构、第三方服务商等。合作伙伴的不稳定性、合作风险以及信息安全问题都可能影响数字金融机构的正常运营。

（三）市场风险

1. 利率风险

数字金融机构可能受到利率变动的影响，尤其是那些提供与利率相关产品或服务的机构。利率的上升或下降可能导致资产负债表的价值波动，进而影响机构的盈利状况。

2. 市场波动风险

数字金融机构涉足股票、债券等市场，市场波动可能会对其投资组合的价值造成影响。金融市场的不确定性以及外部经济环境的变化都可能带来市场风险。

3. 汇率风险

对于国际化的数字金融机构而言，汇率风险是一个重要的考量因素。汇率的波动可能导致资产负债表的价值波动，特别是对于涉及跨国业务和投资的机构。

（四）法律合规风险

1. 法规变化的不确定性

数字金融领域受到严格的监管，法规变化可能对业务模式和产品设计产生直接影响。不确定的法规环境可能导致机构在法规合规方面面临风险。

2. 遵循反洗钱（Anti-Money Laundering，简称AML）和反恐怖融资（Combating the Financing of Terrorism，简称CFT）法规的挑战

数字金融机构需要遵循反洗钱和反恐怖融资法规，确保客户身份的合法性。然而，由于用户匿名性和交易的高频性，数字金融机构面临更大的合规挑战。

3. 用户隐私保护问题

随着数字金融机构处理大量用户数据，用户隐私保护成为法律合规的重要方面之一。如果机构未能妥善处理用户数据，可能会面临严重的法律后果和声誉损害。

（五）信息安全风险

1. 数据泄露和信息安全漏洞是数字金融领域中最为关键的风险之一。以下是信息安全风险的一些具体方面：

（1）数据泄露：由于黑客攻击、内部泄密或技术漏洞，用户的敏感信息，如个人身份和财务数据等，可能被非法获取，从而导致用户隐私暴露和信任危机。

（2）身份验证问题：如果对虚假身份、冒名顶替等问题的监管不力，可能会导致不法分子通过数字金融平台进行欺诈活动，从而给金融机构和用户带来损失。

（3）支付安全：在数字金融中，支付安全至关重要。支付系统被黑客攻击可能导致资金被盗、交易被篡改等问题，损害用户和机构的经济利益。

（4）网络攻击：网络攻击包括分布式拒绝服务攻击（Distributed Denial of Service，简称 DDoS）、恶意软件攻击等，这些攻击可能导致数字金融平台的服务中断和系统崩溃，给用户带来极大的不便。

（六）环境风险

1. 自然灾害和突发事件

数字金融机构的业务往往依赖于信息技术和电子设备，自然灾害和火灾等意外事故可能导致设备损坏和数据丢失，从而影响机构的正常运营。

2. 政治经济环境变化

政治经济环境的不稳定性可能对数字金融产生重大影响。政策调整、法规变化、政治动荡等因素可能导致数字金融机构在法律合规、市场准入等方面面临不确定性。

（七）社会风险

1. 公众舆论和声誉风险

数字金融机构一旦发生重大安全事故、服务中断或信息泄露，可能会引发公众的恐慌和不信任，对机构的声誉造成长期影响，进而影响用户对其的信任度。

2. 社会责任和道德风险

数字金融机构在提供金融服务的同时，也需要承担一定的社会责任。如果在运营过程中违反道德规范或涉及不当行为，可能面临社会谴责和法律制裁等风险。

（八）风险管理与防范策略

为了有效防范和管理数字金融领域的各种风险，金融机构可以采取以下策略：

1. 建立完善的风险管理体系

通过建立全面的风险管理体系，包括制定风险管理政策、建立风险评估机制、设立风险管理部门等，确保对各种风险进行全面管理。

2. 投入足够的安全技术与设备

加强信息安全技术的研发与应用，采用先进的安全设备和技术手段，包括防火墙、加密技术和多重认证等，以保障系统和用户数据的安全。

3. 定期进行风险评估与演练

定期进行风险评估，以发现和解决潜在风险；定期进行应急演练，提高机构在面对突发事件时的应对能力。

4. 建立合规机制与监测体系

密切关注法规的变化，建立健全的合规机制，确保数字金融机构的业务和产品符合法规要求。

5. 强化内部控制和监管

通过建立有效的内部控制机制和完善的内部监管体系，加强对人员、流程和技术的监督，降低运营风险。

6. 建立应急预案与业务连续性计划

制定完善的应急预案，确保在突发事件发生时能够迅速、有序地进行应对，保障业务的连续性。

7. 加强用户教育与沟通

强化用户的安全教育，增强用户的风险意识，同时及时传达风险管理措施，增强用户对数字金融机构的信任。

数字金融领域的快速发展为用户提供了更加便捷和高效的金融服务，同时也带来了多方面的风险。这些风险涵盖了技术、运营、市场、法律合规、信息安全、环境和社会等多个方面。金融机构在数字化转型过程中需要认清这些风险，并采取有效的管理和防范措施，以确保数字金融的稳健发展，维护用户利益和金融体系的稳定。同时，政府、监管机构和行业协会也需要密切关注数字金融领域的风险动态，制定相应的监管政策和法规，推动数字金融行业健康有序发展。

二、数字金融风险的识别方法及工具

随着数字金融的快速发展，风险管理成为金融机构及相关业务面临的关键挑战之一。有效的风险识别是数字金融风险管理的基础，涉及对技术、运营、市场、法律合规、信息安全等多个方面的风险进行全面、深入的分析和评估。这里笔者将探讨数字金融风险的识别方法及工具，以帮助金融机构更好地理解和应对风险。

（一）风险识别的基本原则

在探讨具体的风险识别方法和工具之前，首先需要了解一些基本的风险识别原则：

1. 多维度分析

风险来自多个方面，包括技术、运营、市场、法律合规和信息安全等。风险识别应从多个维度进行分析，以全面了解潜在的风险来源。

2. 数据驱动

数字金融涉及大量数据的处理，因此数据分析是风险识别的关键。通过分析历史数据、用户行为、交易记录等，可以发现潜在的风险模式。

3. 实时监测

数字金融环境动态变化，实时监测是风险识别的重要手段。通过实时监测系统、交易流程和用户行为等，可以迅速发现并应对突发的风险事件。

4. 跨部门协同

风险涉及多个部门和业务环节，跨部门协同是有效识别风险的前提。各部门需要共享信息，以形成整体的风险认知。

（二）技术风险识别方法及工具

1. 安全审计与漏洞扫描

安全审计和漏洞扫描是发现系统和应用程序中潜在安全问题的重要手段。通过定期进行审计和漏洞扫描，可以识别出可能被黑客利用的弱点，从而减少技术风险。

2. 人工智能技术

人工智能技术，如机器学习和深度学习可被用于建立模型，分析用户行为，检测异常模式，从而提前预警潜在的技术风险。这些技术可以对大规模数据进行实时处理和分析，识别出不寻常的活动。

3. 区块链技术

在数字金融领域，区块链技术的应用可以提高交易的透明度和安全性。借助区块链的不可篡改性，可以减少数据被篡改的风险。此外，智能合约的应用也可以实现交易中的自动合同执行，降低操作风险。

（三）运营风险识别方法及工具

1. 流程图分析

通过绘制业务流程图，可以清晰地了解业务流程中的每个环节，并发现潜在的运营风险。这种方法有助于识别流程中可能存在的瓶颈、错误操作和延误等问题。

2. 业务规则引擎

业务规则引擎可以用于定义和执行一组业务规则，以确保业务操作的一致性和合规性。通过预先设定的规则，可以在业务运营过程中自动检测和纠正潜在的问题，降低人为错误带来的风险。

3. 数据可视化工具

数据可视化工具能够将大量的运营数据以图表、仪表盘等形式展示出来，帮助管理层更直观地了解业务状况。通过对数据的可视化分析，可以迅速发现业务中的异常情况，提高识别运营风险的效率。

（四）市场风险识别方法及工具

1. 经济指标分析

通过对宏观经济指标的分析，金融机构可以更好地了解整体经济环境的变化，从而预测市场风险。关注通货膨胀率、利率、汇率等指标，有助于机构及时调整投资组合，降低市场风险。

2. 市场情绪分析

社交媒体和新闻报道中的舆情和市场情绪对市场波动有着显著的影响。情感分析技术可以帮助机构监测和分析市场参与者的情绪，从而更好地理解市场的短期波动和风险。

3. 多因子模型

多因子模型通过考虑多个因子，如市场因子、行业因子、公司因子等，对投资组合进行分析。这种方法可以帮助机构更全面地了解投资组合的风险来源，从而更好地进行风险管理和资产配置。

（五）法律合规风险识别方法及工具

1. 合规审查

定期进行合规审查是确保数字金融机构遵循法规的有效手段。合规审查可以通过检查业务流程、交易记录、合同文件等，识别潜在的法律风险和合规风险。

2. 合规管理系统

建立合规管理系统，通过制定合规政策、规范业务流程、设立合规监察机构等方式，确保数字金融机构在运营过程中始终符合法规要求。

3. 风险预警系统

建立风险预警系统，以及时获取法规变化的信息，通过自动化方式对机构的业务进行风险评估，提前发现潜在的法律合规风险。

（六）信息安全风险识别方法及工具

1. 安全事件监控

建立安全事件监控系统，实时监测系统和网络中的安全事件。通过检测异常活动，可以及时发现潜在的信息安全威胁。

2. 漏洞管理系统

定期进行漏洞扫描和管理，及时修补系统和应用程序中存在的漏洞。漏洞管理系统可以帮助机构全面了解系统的安全状况，从而降低信息安全风险。

3. 用户行为分析

通过对用户行为的分析，识别异常操作和可疑活动。用户行为分析工具可以建立用户的基准行为模型，当用户行为偏离正常模型时发出警报，从而降低信息安全风险。

（七）环境风险识别方法及工具

1. 天气预警系统

数字金融机构可以借助天气预警系统及时获取自然灾害的信息，从而采取相应措施，减轻自然环境风险对业务的影响。

2. 政治经济环境监测

建立政治经济环境监测系统，定期关注政策和法规的变化，分析政治经济环境对数字金融的潜在影响，并提前预判政治经济环境风险。

（八）社会风险识别方法及工具

1. 舆情监测系统

通过建立舆情监测系统，可以及时获取社会舆论对数字金融的评价和反馈。舆情监测系统能够帮助机构及时回应社会关注的问题，从而降低声誉风险。

2. 社会责任评估体系

建立社会责任评估体系，用于评估数字金融机构在社会发展中的角色和贡献。这有助于这些机构更好地履行社会责任，并降低社会风险。

（九）风险识别工具的综合应用

在实际应用中，数字金融机构通常会综合使用多种风险识别工具，形成一个完整的风险管理体系。例如，可以将安全事件监控、用户行为分析和合规管理系统等工具结合起来，通过数据共享和交叉验证，提高风险识别的准确性和全面性。

此外，还可以借助大数据分析和人工智能技术，对庞大的数据进行深度挖掘，发现潜在的关联性和模式。这有助于更好地理解各种风险之间的相互关系，为风险识别提供更多的信息和洞察力。

数字金融风险的识别是数字金融风险管理的重要环节，关系到金融机构的稳健经营和用户利益的保障。通过多维度的风险识别方法和工具的综合应用，数字金融机构能够更全面地了解潜在的风险来源，并及时发现和应对各类风险。

在未来，随着技术的不断发展和数字金融行业的进一步成熟，风险识别工具和方法也将不断创新和完善。数字金融机构需要保持敏锐的风险意识，不断更新和优化风险管理体系，以适应复杂多变的市场环境，确保数字金融的可持续发展。同时，政府、监管机构和行业协会需要积极制定相关政策和标准，推动数字金融风险管理的良性发展，维护金融体系的稳定与安全。

三、数字金融风险管理的最佳实践

随着数字金融的蓬勃发展，数字金融机构面临着越来越多的潜在风险和挑战。有效的风险管理是保障数字金融可持续发展的基石。这里笔者将探讨数字金融风险管理的最佳实践，并从技术、运营、市场、法律合规、信息安全等多个维度提出有效的管理策略，以确保数字金融机构能够在竞争激烈的市场中稳健运营。

（一）制定全面的风险管理政策

背景：风险管理政策是数字金融机构风险管理的基础，它为机构提供了明确的方向和原则，有助于形成一致的风险管理文化。

最佳实践：制定全面的风险管理政策，明确机构在技术、运营、市场、法律合规、信息安全等方面的风险认知和应对原则。政策应涵盖风险识别、评估、监测、控制、报告等环节，并要求各部门严格遵守。

（二）建立多维度的风险识别体系

背景：风险来源多种多样，单一维度的风险识别难以全面覆盖。建立多维度的风险识别体系有助于更全面、准确地了解潜在风险。

最佳实践：结合技术风险、运营风险、市场风险、法律合规风险、信息安全风险等多个维度，建立综合的风险识别体系。利用数据分析、监控系统、智能合约等技术手段，实现对各类风险的及时识别。

（三）投入先进的技术手段

背景：数字金融涉及复杂的技术系统，采用先进的技术手段是有效应对技术风险的关键。

最佳实践：部署先进的安全审计工具、漏洞扫描系统和人工智能技术，用于监测和评估技术系统的安全性。利用区块链技术提高交易的透明度和安全性，降低技术风险。

（四）强化内部培训和教育

背景：人为因素是许多风险事件的根源，加强内部培训和教育有助于增强员工的风险意识和合规水平。

最佳实践：定期开展风险培训，包括技术培训、合规培训和安全培训等。建立内部的风险教育体系，使每位员工能够理解并履行自己在风险管理中的责任。

（五）建立全面的合规管理系统

背景：法律合规风险是数字金融面临的重要挑战之一，建立全面的合规管理系统有助于规避法律合规风险。

最佳实践：制定明确的合规流程和规范，确保数字金融机构的各项业务都符合法规要求。建立合规审查机制，定期对业务流程、交易记录等进行审查，及时发现潜在的法律合规风险。

（六）信息安全防线全面覆盖

背景：信息安全风险直接关系到用户的隐私和资金安全，建立全面的信息安全防线是数字金融机构的必要选择。

最佳实践：部署严密的安全防火墙、入侵监测系统和数据加密技术，确保用户数据的安全。建立用户行为分析系统，及时发现异常活动。加强对第三方服务提供商的监管，确保其符合高标准的信息安全要求。

（七）实时监测市场变化

背景：市场风险是数字金融机构在市场竞争中面临的主要挑战之一，实时监测市场变化有助于迅速应对风险。

最佳实践：利用大数据分析和人工智能技术，对市场数据进行实时监测和分析。建立市场情绪监测系统，及时了解市场参与者的情绪变化。通过多因子模型对投资组合进行动态调整，以降低市场波动带来的风险。

（八）建立危机管理预案

背景：危机管理预案是数字金融机构应对突发事件的重要准备措施，有助于迅速、有序地应对各类危机和风险。

最佳实践：制定全面的危机管理预案，明确各类突发事件的应对流程和责任分工。突发事件包括但不限于数据泄露、系统故障、市场波动等各种可能对业务造成影响的事件。预案中应明确紧急沟通渠道、决策流程、资源调配计划等，以确保在面临危机时能够迅速做出决策并采取行动。

（九）加强与监管机构的合作

背景：与监管机构的紧密合作有助于数字金融机构及时了解监管政策的变化，从而降低合规风险。

最佳实践：建立定期沟通渠道，与监管机构保持紧密联系。及时了解监管政策的变化，确保数字金融机构的业务能够在法规框架内稳健运营。与监管机构分享风险管理的最佳实践，以提升监管透明度和合作水平。

（十）强化社会责任

背景：增强社会责任意识有助于数字金融机构更好地履行其社会责任，从而降低社会风险。

最佳实践：积极参与社会公益活动，推动数字金融的可持续发展。建立社会责任评估体系，评估数字金融机构在社会发展中的贡献和影响。关注公众舆论，及时回应社会关切的问题，确保数字金融机构的形象和声誉。

（十一）制定创新风险管理策略

背景：数字金融行业正处于不断创新发展的阶段，面临创新风险是常态。制定创新风险管理策略有助于平衡创新与风险之间的关系。

最佳实践：在创新前进行全面的风险评估，包括技术可行性、市场需求和法律合规等多个方面。建立创新项目的监测和反馈机制，及时发现并解决创新过程中的问题。制定灵活的风险管理策略，在鼓励创新的同时保障风险可控。

（十二）强化数据治理和隐私保护

背景：数字金融业务涉及大量用户数据，加强数据治理和隐私保护是维护用户信任的关键。

最佳实践：建立完善的数据治理框架，确保数据的收集、存储和使用符合法律法规与合规性要求。加强对用户隐私的保护，明确隐私政策，为用户提供选择权。采用加密技术和匿名化处理等手段，降低数据泄露风险。

（十三）强化供应链风险管理

背景：依赖供应链的数字金融机构需要关注供应链风险，包括第三方服务提供商的可靠性和合规性。

最佳实践：对供应链进行全面的风险评估，评估供应商的财务状况、信息安全措施、合规性等方面。建立供应链管理体系，包括供应商选择、监督和风险应对等环节。定期审查供应商的合规性，确保其符合数字金融机构的要求。

（十四）强化用户教育

背景：增强用户的风险意识有助于降低社会声誉风险，而用户教育是实现这一目标的重要手段。

最佳实践：开展用户教育活动，提高用户对数字金融产品和服务的理解。清晰明了地向用户解释风险和收益，并提供风险管理建议。建立用户反馈渠道，及时回应用户的关切，增强用户对数字金融机构的信任。

（十五）持续改进和学习

背景：风险管理是一个不断演进的过程，数字金融机构需要持续改进和学习，以适应不断变化的市场和技术环境。

最佳实践：建立持续改进机制，定期评估风险管理体系的有效性和适应性。关注行业最新趋势和技术发展，及时引入新的风险管理工具和策略。建立经验总结机制，从风险事件中吸取教训，不断完善风险管理实践。

通过以上最佳实践，数字金融机构能够更全面、科学、有效地进行风险管理，提升业务的可持续发展能力，确保在竞争激烈的市场中稳健运营。同时，这也有助于数字金融行业在不断创新发展的过程中保持可控的风险水平，增强行业的信任度和透明度。

第三章　数字金融产业的创新发展模式与服务体系

第一节　数字金融产业的创新发展模式

一、数字金融产业的创新发展模式解析

（一）概述

随着科技的飞速发展，数字金融产业在全球范围内逐渐崛起，成为金融行业的重要组成部分。数字金融以其高效、便捷和智能的特点，正在引领金融服务的创新潮流。在这里笔者将深入解析数字金融产业的创新发展模式，探讨其核心特征、驱动因素及未来趋势。

（二）数字金融的创新发展模式

1. 移动支付与互联网金融模式

（1）移动支付

移动支付是数字金融的典型代表，通过智能手机等移动终端设备，实现用户之间以及用户与商家之间的资金转移。以支付宝和微信支付为代表的移动支付平台已经在全球范围内广泛应用，不仅改变了人们的支付习惯，还提高了支付的效率。

移动支付的特点为简单便捷、实时到账，有助于推动线上线下融合。

（2）互联网金融

互联网金融是数字金融的另一典型模式，通过互联网技术，实现了金融服务的线上化，包括网上银行、P2P 借贷、众筹、基金定投等业务，打破了传统金融的时空限制，提供了更加多样化的金融产品。

互联网金融特点为去中心化，可降低交易成本、拓宽融资渠道。

2. 区块链技术的应用

（1）去中心化数字货币

区块链技术的应用推动了去中心化数字货币的兴起，比特币、以太币等是其中的代表。这种数字货币基于区块链的分布式账本技术，实现了去中心化，具有匿名性和不可篡改等特点，为支付和资产交换提供了全新的方式。

特点：去中心化、匿名性、交易透明、无须第三方。

（2）智能合约与区块链金融

智能合约是一种基于区块链的自动执行合同工具，它将合同条款编码为计算机程序，通过区块链网络实现自动执行。在金融领域，智能合约可以用于金融产品发行、交易结算等过程的自动化，提高效率并降低交易成本。

特点：自动执行、透明公正、效率高。

3. 大数据与人工智能的融合应用

（1）风险管理与信用评估

大数据和人工智能在数字金融中被广泛应用于风险管理和信用评估。通过对海量数据的分析，机器学习算法能够更准确地评估用户的信用风险，为金融机构提供更精确的风险控制手段。

其特点在于精准的风险控制和更高的信用评估准确性。

（2）个性化金融服务

利用大数据分析用户行为和偏好，数字金融机构能够为用户提供个性化的金融服务。通过推荐算法和数据挖掘，金融机构能够更好地理解客户需求，推送符合其个性化需求的金融产品和服务。

其特点在于提供个性化建议、优化用户体验、增强客户黏性。

4. 跨界融合创新

（1）金融科技生态圈

数字金融推动了不同行业之间的融合，形成了金融科技生态圈。互联网公司、科技公司和传统金融机构通过合作或收购，加速了数字金融的创新发展。这种跨界融合的创新带来了更加多元化和全方位的金融服务。

其特点为通过各行业协同发展，形成完整生态圈。

（2）金融科技孵化器

金融科技孵化器已成为数字金融创新的重要平台，为初创企业提供技术、资金和市场等支持。这种跨界合作机制促进了更多新技术和商业模式的涌现，推动了数字金融领域的创新。

其作用在于孵化创新企业、推动新技术应用。

（三）驱动因素分析

1. 技术创新

技术创新是数字金融创新的核心推动力。区块链、人工智能、大数据等新兴技术的不断演进，为金融行业提供了更多可能性，促使数字金融不断更新、迭代其服务模式。

2. 政策支持

政府的政策支持也是数字金融发展的重要因素。各国纷纷制定相关政策，鼓励金融科技创新，推动数字金融的健康发展。政策的指导和支持有助于降低创新的风险，吸引更多投资者和创业者进入数字金融领域。

3. 用户需求变化

随着社会的发展和用户素质的提高，用户对金融服务的需求也在不断变化。数字金融通过持续创新，满足了用户日益多样化、个性化的需求，提升了用户体验，推动了数字金融的发展。

4. 金融机构竞争压力

传统金融机构受到来自互联网公司等新兴力量的竞争压力，迫使它们不得不加速数字化转型，引入更多科技手段以提升服务水平。数字金融的创新模式也催生了更多具有竞争力的金融科技公司。

（五）未来趋势展望

1. 强化数据安全与隐私保护

随着数字金融业务的不断扩张，用户的个人信息在金融交易中被频繁使用。未来，数字金融将更加关注数据安全与隐私保护，采用更加先进的加密技术和隐私保护方案，以确保用户数据的安全。

2. 智能合约与区块链的深度融合

随着区块链技术的不断成熟，智能合约将在金融业务中得到更广泛的应用。未来，数字金融将更深入地融合智能合约与区块链技术，实现更多金融业务的自动化执行，从而提升交易效率。

3. 金融科技国际化合作

数字金融领域的国际合作将更加密切。各国的金融科技企业和监管机构将加强跨国合作，分享技术、经验和资源，共同应对全球金融领域面临的挑战。

4. 加强监管与创新平衡

随着数字金融的发展，监管也将变得更加复杂。未来，监管机构需要加强与行业的合作，推动监管科技的发展，以更好地平衡金融创新与风险防范。

5. 更多场景融合

未来，数字金融将更深入融入各个行业场景，如智能交通、智能家居、医疗健康等领域。数字金融将以更广泛的形式服务于人们的生活，创造更多的社会价值。

数字金融产业的创新发展模式是多方面因素综合作用的结果。技术创新、政策支持、用户需求变化以及竞争压力共同推动了数字金融的不断创新。未来，随着技术的持续进步和全球金融市场的深度融合，数字金融将继续发展，为经济社会带来更多机遇和挑战。在这一过程中，加强监管与创新的平衡，保护用户隐私与数据安全，推动国际化合作，以及深化数字金融在各行业的融合，将成为数字金融未来发展的关键课题。

数字金融的创新发展模式既带来了便利和效率的提升，也伴随出现了一系列新的挑战。监管机构、金融机构、科技公司等相关方应共同努力，形成合作共赢的生态系统，确保数字金融的稳健发展，为社会经济的可持续发展做出积极贡献。

随着时代的发展，数字金融将持续推动金融行业的演进，引领人类社会向更加智能、高效、便捷的方向发展。这不仅是金融领域的变革，更是科技与商业相互融合的典范，为全球经济体系注入了新的活力。在未来的道路上，数字金融有望继续发挥引领作用，为全球金融体系带来更多创新和发展的可能性。

三、数字金融产业未来可能的创新方向

（一）概述

数字金融产业作为金融行业的重要组成部分，随着科技的不断发展，将迎来更多创新机遇。未来，数字金融有望在多个方向上实现创新，包括技术应用、服务模式、合作生态等方面。这里笔者将深入探讨数字金融产业未来可能的创新方向，并分析相关技术趋势、市场需求及推动因素。

（二）技术驱动的创新方向

1. 区块链技术的深度应用

（1）去中心化金融服务

未来，数字金融有望更深入地应用区块链技术，实现金融服务的去中心化。利用区块链的不可篡改性和分布式特点，可以建立更加安全、透明的金融体系，降低信任成本。

（2）资产数字化与数字货币

数字资产的数字化和数字货币的发展将成为未来的趋势。通过区块链技术，各类资产，如房地产、股权等，可以以数字形式表示，实现更便捷的流通和交易。数字货币的发展有望推动货币体系进一步数字化，提高支付和跨境交易的效率。

2. 人工智能与大数据的融合应用

（1）智能客服与金融顾问

未来，数字金融领域将更广泛地应用人工智能，提供智能客服和金融顾问服务。通过机器学习算法，系统能够更好地理解用户需求，提供个性化和精准的金融建议，从而提升用户体验。

（2）大数据风险管理与信用评估

大数据技术将在风险管理和信用评估领域发挥更大作用。通过对大量用户数据的分析，金融机构可以更准确地评估风险，为个人和企业提供更合适的信用产品。

3. 量子计算的潜在应用

量子计算是未来数字金融领域中既具挑战性又具有潜在革命性的技术。量子计算的超高计算能力有望用于优化金融模型和加密算法，提高交易效率，同时也可能为金融风险管理和大数据处理带来全新的思路。

（三）服务模式创新方向

1. 个性化金融服务

（1）定制化投资组合

未来数字金融平台有望通过更智能的算法和更丰富的数据，为用户提供更个性化的投资组合建议。平台将根据用户的风险偏好、财务状况和投资目标，量身定制投资方案，从而提高投资回报率。

（2）个性化支付体验

在支付领域，数字金融能够更好地结合用户的生活方式和习惯，提供个性化的支付体验。通过分析用户的消费行为，可以提供智能化的支付建议，实现更加快捷、便利的支付服务。

2. 跨界合作与一体化服务

（1）金融科技生态圈

未来，数字金融产业有望加强与其他行业的合作，形成更加完整的金融科技生态圈。通过与科技公司、制造业、医疗健康等行业的合作，数字金融可以提供更全面的服务，实现跨界融合，为用户提供一站式的金融解决方案。

（2）金融科技孵化器

金融科技孵化器将继续发挥重要作用，为创新企业提供孵化、加速等服务。未来，孵化器将更加关注前沿技术和商业模式的创新，培育更多具有颠覆性的数字金融创业公司。

3. 引入共享经济理念

（1）金融产品共享

借鉴共享经济的理念，未来数字金融可以推出更多共享金融产品服务。用户可以根据需要灵活使用不同的金融产品，从而更好地满足个性化的财务需求。

（2）风险共担与共赢

在借贷和投资领域，数字金融可以探索更多风险共担与共赢的模式。通过引入共享经济的合作理念，用户之间可以共同承担风险，从而形成更具包容性和稳健性的金融体系。

（四）数据隐私与安全保障

1. 区块链实现数据隐私保护

区块链技术的去中心化和不可篡改性有助于提升数据隐私的安全性。未来数字金融可以通过区块链建立更安全、透明的数据存储和传输系统，从而保障用户的个人隐私。

2. 生物识别技术应用

生物识别技术，如指纹识别、虹膜识别和人脸识别等，将在数字金融的身份验证领域得到更广泛的应用。这些技术具有高度的安全性和便利性，有望取代传统的身份验证方式，提升金融交易的安全性。

（五）国际化合作与全球布局

1. 构建全球化数字金融网络

数字金融的未来可能会更加注重国际化合作，致力于构建全球化的数字金融网络。金融科技公司可以通过合作与并购进入新兴市场，拓展业务版图，实现全球用户的全面服务覆盖。

2. 推动国际标准化合作

为了促进数字金融的全球发展，国际标准化合作将成为一个重要方向。建立统一的数据安全标准和数字身份标准，有助于降低全球数字金融运营的风险，增强国际合作的可持续性。

（六）环境、社会和公司治理（ESG，Environmental, Social and Governance，简称 ESG）的整合

1. 可持续投资与绿色金融

未来，数字金融可能更加关注可持续发展，推动绿色金融的进步。通过数字金融平台，用户可以更便捷地参与可持续投资，促进环保和社会责任的实践。

2. 社会责任与透明治理

数字金融企业在未来应更加注重社会责任和透明治理。通过建立更加透明和负责任的运营机制，数字金融企业可以赢得用户和社会的信任，从而提高其长期竞争力。

数字金融产业未来的创新方向涵盖多个层面，包括技术应用、服务模式、数据隐私与安全、国际合作以及 ESG 整合等方面。技术的不断进步和市场需求的变化将推动数字金融产业在未来取得更大的突破。数字金融企业需要密切关注这些创新方向，不断调整战略，以适应未来数字金融发展的新形势。在这一过程中，保障用户利益、维护数据安全、促进可持续发展将是数字金融产业创新的核心价值。

第二节　数字金融产业服务体系

一、数字金融产业服务的主要类型与分类

（一）概述

数字金融产业以数字技术为核心，借助信息技术手段，对传统金融业务进行数字化改造和创新。数字金融服务的主要目标是提高金融服务效率、降低成本、拓展服务范围，并为用户提供更便捷、智能和个性化的金融体验。笔者将深入探讨数字金融产业服务的主要类型与分类，分析其在金融体系中的角色和影响。

（二）数字金融服务的主要类型

1. 数字支付服务

（1）移动支付

移动支付是数字金融中最常见的服务之一，通过移动设备实现支付功能。主要包括二维码支付、近场通信（Near Field Communication，简称 NFC）支付等方式，提高了支付的便捷性和效率。

（2）电子钱包

电子钱包是一种数字化的支付工具，用户可以将资金存储在其中，并通过电子方式进行交易。电子钱包广泛应用于线上购物、生活缴费等场景。

（3）虚拟信用卡

虚拟信用卡是一种基于数字技术发展起来的在线信用支付工具，可以在线申请和使用，提供更灵活的信用额度和还款方式。

2. 数字银行服务

（1）网上银行

网上银行是传统银行业务在数字环境中的延伸，用户可以通过互联网进行账户查询、转账、理财等操作，实现线上化的金融服务。

（2）科技型银行

科技型银行是利用先进技术手段，如人工智能和区块链等，进行创新的数字银行服务提供商。这类银行通常更注重数字化体验和技术创新。

3. 金融科技服务

（1）金融科技平台

金融科技平台为金融机构和企业提供数字化服务，包括数据分析、风险管理、区块链技术等，帮助金融行业提高效率并降低成本。

（2）区块链金融服务

区块链技术在金融领域的应用，包括数字货币发行、智能合约和去中心化金融等，旨在构建更加安全和透明的金融体系。

4. 互联网保险服务

（1）在线保险

在线保险是数字金融领域的一项重要服务，用户可以通过互联网购买各类保险产品，实现保险服务的数字化和个性化。

（2）保险科技

保险科技结合了技术创新和保险行业，利用大数据、人工智能等技术提高保险产品的设计、定价和理赔效率。

5. 互联网理财服务

（1）线上投资

互联网理财服务通过线上平台为用户提供投资理财产品，包括基金、股票、债券等，拓宽了个人的投资渠道。

（2）机器人顾问

机器人顾问是一种基于算法和数据分析的数字化投资顾问服务，为用户提供个性化的投资建议和投资组合优化方案。

（三）数字金融服务的分类

1. 按用户群体分类

（1）个人金融服务

个人金融服务是为个人客户提供的数字化金融服务，包括个人支付、个人贷款、理财规划等，以满足个人的生活和投资需求。

（2）企业金融服务

企业金融服务面向企业客户，涵盖企业支付、融资、财务管理等方面，旨在帮助企业提高运营效率和财务管理水平。

2. 按服务阶段分类

（1）基础金融服务

基础金融服务是数字金融的基础设施，包括支付、存储、转账等基本金融功能，构成了数字金融体系的基础。

（2）创新金融服务

创新金融服务是在基础服务的基础上，利用新技术和新业务模式创造出更为复杂、个性化的金融服务，如区块链金融、机器人顾问等。

3. 按服务特性分类

（1）个性化服务

个性化服务是根据用户的需求和特征，提供定制化的数字金融服务，包括个性化理财和保险套餐等。

（2）智能化服务

智能化服务是利用人工智能技术提高服务的智能化水平，包括智能客服、智能投顾、智能风险管理等，为用户提供更加智能、高效的金融服务。

4. 按技术应用分类

（1）人工智能服务

人工智能服务通过机器学习、自然语言处理等技术，为用户提供智能化的金融服务，包括智能客服和智能投顾等。

（2）大数据服务

大数据服务通过对海量数据的分析，为金融机构提供更为准确的风险评估和市场分析等服务，支持个性化金融产品的设计。

（3）区块链服务

区块链服务利用区块链技术，实现金融交易的去中心化和透明化，包括数字货币发行、智能合约等。

5. 按金融产品分类

（1）金融支付产品

金融支付产品包括移动支付、电子钱包、虚拟信用卡等，为用户提供便捷的支付服务。

（2）金融投资产品

金融投资产品包括互联网理财产品、基金、股票等，为用户提供多样化的投资渠道。

（3）金融保险产品

金融保险产品包括在线保险和保险科技等，通过数字技术提升保险服务的效率和用户体验。

6. 按服务场景分类

（1）线上金融服务

线上金融服务是通过互联网平台提供的数字金融服务，包括网上银行、在线支付、理财平台等。

（2）线下金融服务

线下金融服务是在传统实体场所提供的金融服务，如柜台服务、自助终端等。

（四）数字金融服务的发展趋势

1. 技术创新驱动

未来的数字金融服务将更加依赖于技术创新，包括人工智能、大数据分析和区块链等技术的不断应用，以推动数字金融服务向更加智能和高效的方向发展。

2. 个性化与定制化服务

数字金融服务将越来越注重用户的个性化需求，通过数据分析和智能化技术，为用户提供个性化和定制化的金融服务，以满足不同用户群体的需求。

3. 跨界融合与生态建设

未来的数字金融服务将更加注重跨界融合，金融机构、科技公司和制造业等将共同构建数字金融生态系统，提供更为全面的服务。

4. 普惠金融与金融科技融入实体经济

数字金融服务将更加注重普惠金融，通过数字技术推动金融服务覆盖更广泛的用户群体，促使金融科技更好地融入实体经济。

5. 环保与社会责任

数字金融服务将更加关注环保和社会责任，推动可持续金融的发展，并通过数字金融服务促进绿色投资和社会公益等领域的进步。

（五）数字金融服务的挑战与应对策略

1. 数据安全与隐私保护

随着数字金融服务的发展，数据安全和隐私保护将面临更大的挑战。数字金融机构需要加强数据加密、身份认证等安全措施，建立健全隐私保护制度，提高用户信任度。

2. 监管与合规风险

数字金融服务面临复杂的监管与合规压力。数字金融机构应建立健全的合规体系，主动适应监管政策的变化，确保业务合法合规运营。

3. 技术风险与创新挑战

技术创新不断推动数字金融的发展，但同时也伴随着技术风险和创新挑战。数字金融机构需要进行充分的技术测试和风险评估，以确保新技术的安全和稳定应用。

4. 金融不平等问题

数字金融服务的普及程度不同可能导致金融不平等问题。数字金融机构需要推动数字金融服务的普及，确保各群体均能享受数字金融带来的便利。

5. 社会接受度

部分用户对数字金融服务的认知不足，导致其社会接受度相对较低。数字金融机构应加强对用户的教育和培训，提高用户对数字金融服务的认知和信任。

数字金融服务作为金融行业的重要组成部分，正在经历快速发展和深刻变革。在服务类型和分类方面，数字金融服务涵盖了广泛的领域，包括支付、银行、金融科技、保险、理财等多个方面。这些服务不仅满足了个人和企业的日常金融需求，也推动了金融行业向更加智能、创新、可持续的方向发展。

未来，数字金融服务将继续受到技术创新的推动，以提供更加智能化、个性化和高效的服务。个性化与定制化服务、跨界融合与生态建设、环保与社会责任等趋势将在数字金融服务中持续发展。然而，数字金融服务也面临诸多挑战，包括数据安全与隐私保护、监管与合规风险、技术风险与创新挑战等。

在面对这些挑战时，数字金融机构需要采取相应的策略。加强数据安全措施、建立健全的隐私保护机制、主动适应监管政策、进行技术测试和风险评估、推动数字金融服务的普及以及用户教育等都是应对挑战的有效手段。

综合而言，数字金融服务将在全球范围内继续发挥重要作用，推动金融行业向更为数字化、智能化和可持续化的方向发展。在不断创新和适应的过程中，数字金融服务有望更好地满足用户需求，促进金融领域的可持续发展。

二、数字金融服务体系中的主要客户群体

（一）概述

数字金融服务体系以数字技术为核心，通过信息技术手段对传统金融业务进行数字化改造和创新。在数字金融服务的广泛应用中，主要客户群体的变化成为一个重要关注点。这里笔者将深入探讨数字金融服务体系中的主要客户群体，包括个人用户、企业用户、金融机构等，并分析不同群体的需求和影响。

（二）主要客户群体

1. 个人用户

（1）普通消费者

普通消费者是数字金融服务体系中最广泛的客户群体之一。他们通过数字支付、电子银行、互联网理财等服务，便捷进行日常生活中的金融交易。数字

金融为他们提供了更便捷、快速、安全的金融服务体验，使支付、转账、理财等变得更加灵活。

（2）小微企业主

小微企业主是个人用户的一部分，在数字金融服务中扮演着重要的角色。数字金融服务为小微企业主提供了更多的融资途径、支付管理工具以及财务管理服务，帮助他们更好地运营企业和发展业务。

（3）投资者

数字金融服务吸引了大量投资者，包括散户和专业机构。互联网理财、股票交易、数字货币投资等成为投资者获取资产收益的重要途径。数字金融平台提供丰富的投资产品和工具，以满足不同投资者的需求。

2. 企业用户

（1）中小企业

中小企业是数字金融服务体系中的重要客户群体。数字金融服务为中小企业提供了更多的融资渠道，包括互联网贷款、供应链金融等，降低了中小企业的融资门槛，促进了其发展。

（2）大型企业

大型企业作为数字金融服务的客户，更加关注数字金融在财务管理、风险管理、国际结算等方面的应用。数字金融服务为大型企业提供了更高效、精细化的财务服务，帮助其更好地管理资金流动和降低财务风险。

3. 金融机构

（1）银行

银行作为传统金融机构，在数字金融服务体系中仍然扮演着关键角色。数字化转型使银行能够提供更为便捷的服务，包括在线开户、移动支付、智能投顾等，同时也使银行更好地适应互联网时代的竞争。

（2）保险公司

保险公司通过数字金融服务实现了保险产品的创新，包括智能化保险产品和在线理赔服务等。数字金融服务为保险公司提供了更多与客户直接互动的机会，提升了客户的体验。

（3）证券公司

证券公司是数字金融服务中的重要参与者。数字化交易平台不仅使证券交易更加便捷，还为证券公司提供了更广阔的市场覆盖面和更高效的运营方式。

（三）不同客户群体的需求与数字金融对其的影响

1. 个人用户的需求与影响

（1）需求

便捷支付：个人用户期望通过数字金融服务获得便捷、安全的支付体验，包括移动支付和电子钱包等。

个性化理财：数字金融平台通过大数据分析，为个人用户提供个性化的理财建议和产品，以满足其不同的投资需求。

贷款便利化：个人用户需要更便捷、迅速的贷款服务，数字金融服务通过在线申请、快速审批等方式满足这一需求。

（2）影响

消费习惯的改变：数字金融服务的普及改变了个人用户的消费习惯，线上支付和网上购物已成为常态。

投资方式多样化：个人用户通过数字金融服务可以更容易地接触到不同类型的投资产品，从而促使其投资方式更加多样化。

金融知识普及：数字金融服务推动了金融知识的普及，使个人用户更加了解金融产品和市场。

2. 企业用户的需求与数字金融对其的影响

（1）需求

融资渠道多样化：中小企业和大型企业都需要更加多元的融资渠道。数字金融服务通过供应链金融、互联网贷款等方式，满足了企业对融资的多样化需求。

财务管理效率提升：企业用户追求更高效的财务管理服务，数字金融平台通过提供在线支付、智能报表分析等工具，帮助企业实现财务流程的自动化与优化。

风险管理与保险创新：企业用户关注风险管理，数字金融服务提供了更为精细的风险评估工具，同时推动保险产品的创新，以满足企业对风险保障的需求。

（2）影响

中小企业发展推动：数字金融服务降低了中小企业融资的门槛，促进了中小企业的发展，为其提供了更多参与市场竞争的机会。

大型企业运营优化：数字金融服务通过提升企业财务管理效率和降低融资成本等方式，帮助大型企业实现运营优化，使其能够更灵活地应对市场变化。

3. 金融机构的需求与数字金融服务对其的影响

（1）需求

数字化转型：金融机构需要进行数字化转型，提升服务效率和用户体验，以适应数字金融时代的竞争压力。

创新金融产品：金融机构需要开发创新的金融产品，以吸引更多客户并提高市场份额。数字金融服务为金融机构提供了一个推出更多创新产品的平台。

风险管理与合规：金融机构需要更强大的风险管理和合规能力，数字金融服务通过大数据分析和智能风险评估等方式提供支持。

（2）影响

竞争格局变化：数字金融服务推动了金融机构竞争格局的变化，传统银行需要更好地适应新兴数字化金融机构的竞争。

服务效率提升：数字金融服务通过自动化和智能化技术，提高了金融机构的服务效率，并降低了运营成本。

用户体验改善：数字金融服务提升了用户在金融机构的服务体验，提高了客户满意度，促使金融机构更加注重用户关系的建立和维护。

三、数字金融服务体系效果的评估与优化方法

（一）概述

数字金融服务体系是在数字技术的支持下，通过互联网平台提供的一系列金融服务。随着数字金融的迅猛发展，如何科学评估其效果并进行优化，已成为金融机构和监管部门关注的焦点。这里笔者将探讨数字金融服务体系效果的评估与优化方法，涵盖用户体验、技术创新、风险管理、社会效益等多个方面。

（二）效果评估的指标体系

1. 用户体验指标

（1）使用率与渗透率

使用率与渗透率是评估数字金融服务受众规模的重要指标。使用率反映了服务的实际使用情况，而渗透率则衡量了服务在特定群体或地区的普及程度。

（2）满意度

通过用户满意度调查，获取用户对数字金融服务的评价，包括界面友好性、交易速度、客户服务等方面的体验。这些反馈对于优化用户体验至关重要。

（3）客户留存率

客户留存率是评估数字金融服务吸引力和黏性的重要指标。高客户留存率意

味着用户对服务的信任度和满意度较高，而低留存率可能暗示用户流失及需要改进的空间。

2. 技术创新指标

（1）技术更新速度

评估数字金融服务体系的技术创新，可以通过观察其技术更新速度。快速的技术更新通常意味着系统在不断迭代，以适应市场和用户需求。

（2）安全性评估

数字金融服务的安全性至关重要。安全性评估包括数据加密、身份验证机制、网络攻击防范等方面，以确保用户信息和资金的安全。

（3）技术普及率

技术普及率用于衡量数字金融服务所采用技术在整个金融体系中的传播程度。高技术普及率意味着数字金融服务在金融科技领域处于领先地位。

3. 风险管理指标

（1）风险控制效果

通过监测风险控制效果，包括违约率和信用风险等指标，评估数字金融服务在风险管理方面的表现。有效的风险控制是数字金融服务稳健发展的基础。

（2）反欺诈效果

数字金融服务需要应对各种欺诈行为，反欺诈效果评估指标包括欺诈率和虚假交易率等。这些指标反映了服务在防范欺诈方面的能力。

4. 社会效益指标

（1）金融包容性

金融包容性衡量的是数字金融服务是否能够覆盖社会的各个层面，这些层面包括地理区域、年龄层次、收入水平等各个维度。提高金融包容性是数字金融服务追求的社会效益之一。

（2）经济增长贡献

数字金融服务的发展能否为经济增长做出积极贡献是一个重要的社会效益指标。通过评估数字金融服务在促进贷款、投资和消费方面的作用，可以衡量其对经济的贡献。

（三）评估方法

1. 数据分析

通过大数据分析，收集用户行为数据、交易数据和用户反馈等信息，运用数据挖掘和机器学习技术，深入探索数字金融服务的使用情况和用户行为特征。

2. 用户调研

进行用户调研时，可以采用问卷调查和深度访谈等方式，以获取用户对数字金融服务的意见和建议。用户调研有助于理解用户的需求、痛点和期望，为服务优化提供依据。

3. 技术评估

技术评估可以由专业的技术团队进行，包括系统性能测试、安全漏洞扫描、技术更新速度的监测等，以确保数字金融服务的技术质量和安全性。

4. 风险评估

风险评估需要建立完善的风险管理体系，以监控信用风险、市场风险和操作风险等。同时，反欺诈技术的应用也是风险评估的一部分。

5. 社会效益评估

社会效益评估可以通过制定指标体系来实现，包括金融包容性指数、经济增长贡献指数等。通过实证研究，可以综合评估数字金融服务对社会的影响。

（四）优化方法

1. 用户体验优化

（1）用户界面设计

通过优化用户界面设计，提升数字金融服务的可用性和用户友好性。优秀的界面设计可以使用户更容易理解和使用服务，从而提高用户满意度。

（2）个性化服务

通过引入人工智能和大数据分析技术，为用户提供个性化的金融服务。根据用户的历史交易记录和偏好等信息，定制个性化的推荐和服务，从而提升用户体验。

（3）移动端优化

随着移动端用户的增加，数字金融服务需要在移动端进行优化，以确保在不同设备上的流畅体验。响应式设计和轻量级应用等都是优化的手段。

2. 技术创新优化

（1）引入新技术

不断引入新技术，如区块链、人工智能和大数据，以提高数字金融服务的效率和安全性。新技术的应用可以带来更多创新的金融产品和服务。

（2）提升系统稳定性

通过加强系统架构设计和技术运维，提高数字金融服务的稳定性。稳定的系统是数字金融服务能够长期有效运行的基础。

（3）开发开放 API

开发开放，促进数字金融服务与其他金融机构、科技公司的合作，推动更广泛的技术创新与整合。

3. 风险管理优化

（1）强化身份验证

加强用户身份验证机制，采用多因素认证、生物识别技术等手段，提高数字金融服务的安全性，防范身份盗用和欺诈。

（2）智能风险评估

引入智能风险评估技术，通过大数据分析和机器学习，实现对用户信用、交易行为等方面的实时监测和评估，从而及时发现潜在风险。

4. 社会效益优化

（1）拓展金融包容性

通过创新金融产品和服务，拓展数字金融服务的受众群体，特别是覆盖农村、低收入人群等金融服务薄弱地区。

（2）加强社会责任投资

数字金融服务提供者应加强社会责任投资，积极参与公益事业，为社会做出贡献。这不仅可以提升企业形象，还符合可持续发展理念。

（3）与监管机构合作

积极与监管机构合作，参与制定和遵守金融行业规范，共同维护金融市场的稳定与健康发展。

数字金融服务体系的效果评估与优化是一个动态过程，需要综合考虑用户体验、技术创新、风险管理和社会效益等多个方面。在评估过程中，建立科学的指标体系并采用多样化的评估方法是关键。通过数据分析、用户调研、技术评估、风险评估以及社会效益评估，可以全面了解数字金融服务的运行状况，并找到优化的方向。

第四章　绿色创新投资效率的影响因素分析

第一节　绿色创新投资效率相关概念

一、绿色创新投资效率的概念与内涵

（一）概述

随着全球对气候变化和环境问题的关注不断增加，绿色创新投资成为推动可持续发展的关键力量。绿色创新投资效率是评估这类投资绩效的重要指标之一。这里笔者将深入探讨绿色创新投资效率的概念及其内涵，剖析其关键要素及影响因素。

（二）绿色创新投资效率的概念

1. 创新投资效率的基本概念

创新投资效率是指在有限资源投入的情况下，创新活动所能创造的价值和影响的程度。通常通过投入产出比、成本效益分析等指标来衡量。在绿色领域，创新投资效率更强调对环境可持续性的贡献，即在取得经济效益的同时，实现对生态环境的保护和恢复。

2. 绿色创新投资效率的特征

环境影响评估：绿色创新投资效率需要综合考虑环境影响，包括在减少碳排放和提高资源利用效率等方面的成效。

社会可持续性：绿色创新投资效率不仅关注经济效益，还注重社会效益，例如提高就业率、改善居民生活水平等。

长期视角：绿色创新投资效率关注长期可持续性，追求在长时间内保持创新的环境和社会效益。

（三）绿色创新投资效率的内涵

1. 环境效益

绿色创新投资效率的核心在于实现显著的环境效益。这包括降低碳排放、减少能源消耗、推动循环经济等方面的环保成就。

2. 经济效益

除了环境效益，绿色创新投资的效率还必须确保良好的经济效益。这意味着创新项目需要在经济上可行，能够吸引投资并提高企业竞争力。

3. 社会效益

社会效益包括但不限于提升社会福祉、改善居民生活质量、促进社区可持续发展等方面。绿色创新投资的效率要求项目在社会层面产生积极的影响。

4. 制度与政策支持

绿色创新投资效率的内涵还涉及制度和政策的支持。合理的法律法规和政策激励机制能够促进绿色创新项目的顺利进行。

（四）影响绿色创新投资效率的因素

1. 科技创新水平

科技创新是推动绿色创新的关键。高水平的科技创新有助于提高绿色创新项目的效率，降低成本，并增加其投资吸引力。

2. 市场需求

市场需求直接影响绿色创新投资的效率。当市场对绿色产品和服务的需求旺盛时，投资者更愿意投入并期待更好的回报。

3. 政策支持

政府的政策支持是影响绿色创新投资效率的关键因素。优惠政策、补贴和税收激励等措施能够降低投资风险，提高效益。

4. 技术成熟度

绿色创新所采用技术的成熟度直接关系到投资的风险和效益。成熟的技术更容易被应用并产生预期效果。

5. 社会接受度

社会对绿色创新项目的接受度也是一个重要因素。公众对绿色创新的认同和支持，有助于项目的长期可持续发展。

（五）绿色创新投资效率的挑战与应对策略

1. 不确定性与风险

挑战：绿色创新投资涉及技术、市场和政策等多方面的不确定性，因而在投资方面存在一定的风险。

应对策略：制定全面的风险管理计划，包括对科技风险、市场风险等方面的评估和应对措施。与保险机构合作，通过多元化投资降低整体风险。

2. 缺乏资金支持

挑战：绿色创新通常需要大量资金投入，而资金支持不足可能会阻碍项目的启动和推进。

应对策略：积极寻求政府、国际组织等多方面的资金支持。同时，吸引社会投资，采用创新的融资模式，如绿色债券和绿色信贷等。

3. 技术不成熟

挑战：一些绿色技术可能尚处于研发阶段，其成熟度不足以支持商业化应用。

应对策略：加强与科研机构、高校等的合作，推动技术的成熟和商业化。与科技企业建立战略伙伴关系，共同推进技术的发展。

4. 市场认知不足

挑战：部分绿色创新项目可能面临市场认知不足的问题，导致投资者兴趣不高。

应对策略：加强项目宣传和市场推广，提高公众对绿色创新的认知。与企业、媒体等合作，共同推动绿色创新理念的传播。

（六）未来展望

绿色创新投资效率的提升是一个长期且复杂的过程。未来，随着社会对可持续发展需求的不断增加，绿色创新投资将迎来更广阔的发展空间。以下是未来可展望的一些方向：

1. 技术创新加速

未来科技创新的不断推进将为绿色创新提供更多可能性。新兴技术的涌现，如人工智能和区块链，有望为绿色创新注入更大的活力。

2. 国际合作深化

全球范围内绿色创新投资效率的提升需要国际的深入合作。通过共享科技和政策经验，推动全球绿色创新事业的共同发展。

3. 融资模式创新

未来绿色创新可能会迎来更多融资模式的创新。随着绿色金融和社会责任投资等理念的深入推广，将有更多资金流入绿色创新领域。

4. 政策环境优化

各国政府在绿色创新领域的政策支持将更加精准和有力。税收激励、补贴政策等措施将更有效地引导资金流向绿色创新项目。

绿色创新投资效率是一种在追求经济效益的同时，更加注重环境和社会效益的投资模式。其内涵包括环境、经济和社会效益等多个方面，评价指标涵盖资源利用效率、碳足迹减少效果和投资回报率等。在面临一系列挑战的同时，通过科技创新、融资模式创新和政策环境优化等手段，绿色创新投资效率有望迎来更好的发展。未来，全球各界需要加强合作，共同推动绿色创新事业，为可持续发展做出更大的贡献。

二、绿色创新投资效率的评价指标与方法

（一）概述

随着全球可持续发展的重要性不断凸显，绿色创新已成为推动经济可持续增长的关键领域。评价绿色创新投资效率是确保投资产生环境、社会和经济效益的关键一环节。这里将深入探讨绿色创新投资效率的评价指标和方法，以提供更系统、科学的评估体系。

（二）绿色创新投资效率的评价指标

1. 资源利用效率

定义：衡量投入与产出之间的关系，包括物质资源、人力资源、财务资源等。

评价方法：使用投入产出比率，计算投入的资源与创新项目所创造的价值之比。此外，还可以采用能耗指标和人力生产率等进行综合评估。

2. 碳足迹减少效果

定义：衡量绿色创新项目对碳排放的减少效果，反映其环保效益。

评价方法：通过生命周期分析（Life Cycle Assessment，简称 LCA）来评估绿色创新项目的碳足迹。该方法考虑了产品或设施从资源采集、生产、使用到废弃的整个过程，以量化项目对环境的影响。

3. 投资回报率

定义：衡量绿色创新项目在经济方面的表现，包括利润率、资产回报率等指标。

评价方法：计算项目的净现值（Net Present Value，简称 NPV）和内部收益率（Internal Rate of Return，简称 IRR）。这些指标能够综合考虑项目的投资成本和未来的盈利情况。

4. 社会效益指标

定义：考察项目对社会的正面影响，包括就业创造、社区发展等方面。

评价方法：采用社会会计学的方法，通过调查和分析，量化项目对社会的直接和间接影响。这包括直接创造就业机会、提升居民生活水平等方面的效益。

5. 技术成熟度

定义：衡量绿色创新所采用技术的成熟度，成熟的技术更容易被应用并产生预期效果。

评价方法：使用技术成熟度评估模型，考虑技术的研发历程、市场应用情况等因素，定量评估技术的成熟度水平。

（三）绿色创新投资效率的评价方法

1. 多指标综合评价法

方法：为各项评价指标赋予不同的权重，通过加权平均或其他综合计算方式，得到一个综合评价指数。

优势：能够综合考虑不同指标的重要性，更全面地评估绿色创新投资的效率。

缺点：需要确定各指标的权重，这可能涉及主观判断和专家意见，存在一定的不确定性。

2. 效率评价模型

方法：利用效率评价模型（如数据包络分析），评估绿色创新项目在多个指标下的相对效率。

优势：无须设定权重，能够直接衡量各项目的相对效率，为决策提供更客观的依据。

缺点：对数据要求较高，需要确保数据的准确性和完整性。

3. 成本效益分析法

方法：通过成本效益分析，将项目的成本与其带来的各项效益进行比较，以判断绿色创新投资的经济效益。

优势：直观地展示成本与效益之间的关系，有助于决策者更好地理解项目的经济性。

缺陷：需要充分考虑效益的量化方式，可能存在一定的主观性。

（四）绿色创新投资效率的实证研究方法

1. 案例研究法

方法：选择若干绿色创新项目，通过深入调研和分析，探讨其在不同评价指标下的表现。

优势：能够深入了解每个项目的具体情况，为理论和政策提供实证支持。

缺点：结果的普适性受到样本选择的限制，难以推广至整个绿色创新领域。

2. 数据分析法

方法：利用大数据分析技术，对大规模绿色创新投资数据进行统计和挖掘，找出不同因素与效益之间的关联性。

优势：能够从大数据中获取全面、客观的信息，发现潜在的规律和趋势。

缺点：对数据的质量和准确性要求较高，并且可能面临数据获取的难题。

3. 横断面分析法

方法：选择一个特定时间点，横向比较不同绿色创新项目的效益情况，以了解在同一时期内它们的差异。

优势：能够捕捉同一时期内的项目效益，帮助研究人员更好地理解绿色创新的现状。

缺点：难以考虑到时间因素对效益的长期影响，可能忽略项目发展的动态变化。

（五）绿色创新投资效率评价的挑战与对策

1. 数据不确定性

挑战：绿色创新项目的数据可能因不同的标准和收集方法而受到影响，导致评估结果的不确定性。

对策：引入灵活的数据处理方法，采用敏感性分析等手段，对不同数据情境下的评估结果进行多方面考量。

2. 不同评价标准的主观性

挑战：不同利益相关方对绿色创新效率的评价标准可能存在差异，主观性较强。

对策：在建立评价体系时，应广泛征集各方意见，采用多元化的指标和方法，以减少主观偏见的影响。

3. 长期效益难以量化

挑战：绿色创新项目的一些效益，尤其是社会效益，可能需要较长时间才能显现，因此难以在短期内进行准确量化。

对策：引入长期效益评估方法，包括将贴现率作为评估指标、考虑通货膨胀等因素，以更全面地反映项目的长期效益。

4. 指标权重难以确定

挑战：在多指标综合评价法中，权重的确定可能因专家个人经验和主观判断而存在不确定性。

对策：采用多角度的权重确定方法，如层次分析法和模糊综合评价法，提高权重确定的科学性和客观性。

绿色创新投资效率的评估是一个复杂且关键的任务，涉及环境、社会和经济多个方面。通过采用多指标综合评价法、效率评价模型、成本效益分析法等多种方法，可以更全面、科学地评估绿色创新项目的绩效。然而，面对数据不确定性和主观性较强等挑战，研究者需要不断优化方法，提高评估体系的科学性和实用性。未来，随着技术的发展和数据的积累，绿色创新投资效率的评估方法将不断丰富和完善，为绿色经济的可持续发展提供更有力的支持。

三、不同国家绿色创新投资效率的比较与分析

（一）概述

随着世界各国对可持续发展的日益关注，绿色创新已成为推动经济增长和环境可持续发展的关键力量。各国纷纷加大对绿色创新的投资。然而，由于各国在经济结构、政策体系、科技水平等方面存在差异，绿色创新投资的效率也呈现出多样化的特征。笔者将比较和分析不同国家的绿色创新投资效率，探讨其差异产生的原因及对可持续发展的启示。

（二）不同国家绿色创新投资效率的比较

1. 北欧国家

挪威、瑞典、丹麦等北欧国家一直以其在可持续发展和绿色创新领域的领

先地位而闻名。这些国家在绿色能源和清洁技术等方面投入了大量资源，并取得了显著的成就。其投入产出比率相对较高，表明资源得到了有效利用。在社会经济效益方面，创新项目在提高居民生活水平和促进就业增长方面也取得了良好的效果。通过大力发展可再生能源，北欧国家在减少碳排放、降低碳足迹方面也取得了明显的成果。

2. 中国

中国作为全球最大的新兴经济体，近年来在绿色创新投资方面取得了显著进展。中国在清洁能源、电动汽车、新材料等领域进行大规模投资，取得了丰硕的科技成果。然而，由于经济规模庞大，中国仍然面临着资源利用效率不高的问题。尽管中国在减少碳足迹方面整体有所提升，但仍需加大努力。

3. 美国

美国在绿色创新投资方面处于领先地位，尤其在清洁技术、生物技术等高新技术领域具有显著优势。然而，由于其能源消耗较大，减少碳足迹的难度相对较大。美国注重创新投资回报率，更加强调市场导向和商业化，追求经济效益。

4. 德国

德国一直以其在绿色创新和可再生能源方面的领先地位而著称。德国在减少碳足迹和提高投入产出比方面取得了显著成绩。其注重社会经济效益，通过绿色创新项目推动就业增长和社会可持续发展。

（三）不同国家绿色创新投资效率差异的原因

1. 经济发展水平

不同国家的经济发展水平各不相同，这直接影响到它们在绿色创新投资上的投入水平和效益。经济发展水平较高的国家通常更有能力投入更多资源用于绿色创新，并且能够获得较好的投资回报率。

2. 政策体系和法规环境

政策体系和法律环境对绿色创新的发展具有巨大的影响。一些国家制定了积极的政策以支持绿色创新，提供财政和税收激励，鼓励企业和机构投入绿色创新项目。而另一些国家由于政策不明朗或法律法规不完善，可能导致绿色创新投资的难度增加，效益下降。

3. 科技水平和创新能力

科技水平和创新能力是影响绿色创新效率的重要因素。一些拥有先进科技和创新能力的国家能够更有效地开展研发工作，推动科技创新，从而提高绿色创新项目的效益。

4. 社会文化和意识

国家的社会文化和居民对绿色发展的意识直接关系到绿色创新投资的效率。在注重环保和可持续发展的社会文化氛围中，居民更愿意支持和参与绿色创新项目，从而推动其发展。

（五）对可持续发展的启示

1. 促进全球合作

不同国家在绿色创新投资方面取得的成就各具特色，全球各国应该加强合作，分享成功经验和创新技术，共同应对全球性环境问题。

2. 强化政策引导

政府在制定绿色创新政策时，应充分考虑国家的经济水平、科技水平和社会文化特点，通过更具针对性的政策引导，推动绿色创新的发展。

3. 增强环保意识

加强绿色教育，提高公众对环保和可持续发展的认知，培养绿色消费和生活方式，并将更多的社会资源投入绿色创新领域。

4. 推动产业转型

鼓励企业加大绿色创新投资，推动传统产业向清洁、高效、低碳方向转型，以实现经济的可持续发展。

通过对不同国家绿色创新投资效率的比较与分析，我们可以看到各国在绿色创新方面取得的成就和存在的问题。这些差异主要受到经济发展水平、政策体系、科技水平和社会文化等多方面因素的影响。为实现全球可持续发展目标，各国应加强合作，通过政策引导、社会教育、产业升级等手段，推动绿色创新的发展，为未来建设更加清洁、绿色、可持续的世界做出积极贡献。

第二节　我国绿色创新投资效率现状

一、我国绿色创新投资效率面临的主要问题

（一）概述

随着我国对环境问题的日益关注以及可持续发展理念的深入推进，绿色创新投资在我国正迅速崛起。然而，绿色创新投资效率面临一系列问题，这不仅影响了资金的有效利用，也制约了可持续发展目标的实现。这里笔者将深入分析我国绿色创新投资效率面临的主要问题，并提出相关对策。

（二）绿色创新投资效率问题分析

1. 不同地区绿色创新水平不均

我国地域差异巨大，不同地区的绿色创新投资水平存在显著差异。一线城市和发达地区通常能够获得更多的绿色创新资源，而一些欠发达地区由于基础

设施和人才条件的不足，绿色创新投资的效率较低。

2. 政策扶持不够有力

尽管近年来我国政府加大了对绿色创新的政策支持力度，但在具体实施层面仍存在不足。政策的不明确、不稳定以及执行层面的问题，导致绿色创新投资者在政策环境中感到不稳定，影响了他们的投资信心。

3. 技术创新不足

在绿色创新领域，技术创新是提高效率的关键。然而，我国在一些关键领域的绿色技术创新相对滞后，绿色产品的技术含量有待提升。缺乏前沿技术支持使得我国在绿色创新投资中存在一定程度的追随现象。

4. 企业投资风险较大

由于绿色创新项目的技术不确定性和市场不成熟，企业在投资这些项目时面临较大的风险。这使得一些潜在投资者对参与绿色创新投资持谨慎态度，导致资金流向相对保守的领域。

5. 缺乏行业标准和认证体系

在绿色创新领域，缺乏统一的行业标准和认证体系，导致绿色产品和项目的质量参差不齐。这不仅增加了投资回报的不确定性，还使得投资者在投资过程中难以评估和比较不同项目的风险与回报。

6. 金融支持机制不健全

绿色创新项目的资金需求较大，但我国金融支持机制相对不健全。传统金融机构对绿色创新投资了解不足，在认知上为这类项目设定的风险等级偏高，因此难以提供灵活的融资服务。绿色创新企业较难获得低成本、长期的融资支持。

（三）影响绿色创新投资效率的因素

1. 政策因素

政府对绿色创新的政策支持是影响绿色创新投资效率的关键因素。政策的激励力度、长期性和稳定性将直接影响投资者的预期和信心。

2. 技术因素

技术水平决定了绿色创新的实际效果。如果我国能够在绿色技术领域取得重大突破，将推动整个产业的发展，提高绿色创新投资的效率。

3. 市场因素

市场需求和接受度是决定绿色创新投资效率的重要因素。如果市场对绿色产品和技术的需求足够强烈，投资者将更有动力参与绿色创新。

4. 企业因素

企业的管理水平和创新能力是影响绿色创新投资效率的内在因素。具备较强管理能力和创新意识的企业更容易在绿色创新领域取得成功。

5. 金融因素

金融机构对绿色创新的融资支持是确保绿色创新投资效率的关键环节。健全的金融支持机制可以降低企业的融资成本，提高投资效益。

（四）提高我国绿色创新投资效率的对策

1. 完善政策体系

加大对绿色创新的政策支持，提高政策的透明度和稳定性，明确政府的奖励和补贴政策，为投资者提供更多激励。

2. 加强技术创新

增加对绿色技术研发的投入，建立和完善绿色技术创新体系。这包括加强科研机构与企业之间的合作，鼓励企业加大在绿色技术研发上的投入，推动形成技术创新的良好生态。

3. 强化市场导向

建立健全的市场导向机制，提高绿色产品和技术的市场占有率。可以通过设立市场准入门槛，推出购买绿色产品的激励措施等手段，以激发市场对绿色创新的需求。

4. 加强企业管理和创新能力

鼓励企业加强内部管理，提高创新能力。政府可以通过设立绿色创新奖励机制，对在绿色创新方面表现出色的企业进行奖励，以激发企业的积极性。

5. 完善行业标准和认证体系

建立完善的行业标准和认证体系，提高绿色产品和项目的质量。这将有助于投资者更准确地评估项目的风险和回报，从而降低投资的不确定性。

6. 拓宽融资渠道，优化金融支持机制

建立绿色创新投资的融资平台，吸引更多金融机构参与。政府可以设立专项基金，提供低息贷款，以降低企业的融资成本。同时，鼓励发展绿色金融工具，例如绿色债券，以吸引更多社会资本的参与。

7. 加强投资者培训，提升绿色创新投资的认知水平和意识

加强对投资者的培训和宣传，提高其对绿色创新投资的认知水平。这有助于降低投资者对绿色创新的不确定性，促使更多投资者参与绿色创新项目。

我国在绿色创新投资方面取得了一系列成就，但同时也面临诸多挑战。为提高绿色创新投资效率，需要在政策制定、技术创新、市场导向、企业管理和金融支持等多个方面共同发力。通过全社会的合作，形成政府、企业、金融机构和投资者之间的良好合作关系，才能更好地推动绿色创新事业的发展，实现

经济与环境的双赢。在未来的发展中，需要持续加大力度解决现存问题，不断优化政策环境，提升技术水平，创造更加有利于绿色创新投资的生态环境。

二、我国在提高绿色创新投资效率方面的成功经验与启示

（一）概述

绿色创新投资是我国实现经济可持续发展的关键举措之一。在过去几年中，我国在提高绿色创新投资效率方面积累了丰富的经验。在这里笔者将探讨我国在这一领域取得的成功经验，并从中提炼出对其他国家和地区有借鉴意义的启示。

（二）成功经验

1. 有明确的政策支持

我国政府通过制定一系列政策，为绿色创新投资提供了有力支持。这些政策包括税收优惠、财政补贴、设立创新基金等，为投资者提供了可预期的政策环境，激发了他们的投资积极性。

2. 建立了完善的技术创新体系

我国在绿色创新领域建立了完善的技术创新体系，包括国家重点实验室和绿色创新产业联盟等。这有助于提高绿色技术水平，为投资者提供稳定的技术支持，降低投资风险。

3. 强化市场导向机制

我国积极推动市场导向机制，通过竞争机制激发绿色产品和技术的创新。通过设立市场准入门槛、优化招投标制度等举措，使市场对绿色创新的需求成为推动力，提高了投资效率。

4. 较高的企业管理水平和创新能力

一些成功的绿色创新企业注重提升自身的管理水平和创新能力。通过引入先进的管理理念、培训人才和建立创新文化，这些企业在绿色创新领域取得了显著的成就，拥有较高的企业管理水平和创新能力。

5. 有健全的金融支持体系

我国建立了一系列金融支持体系，如绿色信贷、绿色债券等。这些金融工具的引入为绿色创新提供了灵活的融资渠道，降低了企业的融资成本，提升了投资效率。

6. 积极开展国际合作与交流

我国积极加强与国际组织及其他国家的合作与交流。通过引入国际先进经验和技术，我国在绿色创新投资中不断汲取成功经验，提高了投资效率。

（三）启示与借鉴

1. 制定明晰的政策框架

根据我国的经验，提高绿色创新投资效率应建立明确、稳定的政策框架，提供可预期的政策支持。政府在政策制定过程中要充分考虑投资者的需求，确保政策的可执行性和稳定性。

2. 建立技术创新平台

我国在技术创新方面的经验，包括建立健全的技术创新平台，促进科研机构、高校和企业之间的合作。通过设立实验室、产业联盟等措施，可以提升国家在绿色创新领域的整体技术水平。

3. 推动市场机制发挥作用

鼓励市场机制发挥作用，通过市场竞争推动绿色产品和技术的创新。可以通过招投标、竞赛等方式，激发企业的创新热情，提高市场对绿色创新的需求。

4. 注重企业管理和创新文化建设

我国一些成功企业的经验值得借鉴。例如，企业应注重内部管理水平和创新文化的建设。通过建立积极的创新文化，培养具备创新能力的人才，从而提升企业的竞争力。

5. 完善金融支持机制

建立健全金融支持机制，为绿色创新提供多样化、灵活的融资渠道。借鉴我国引入绿色信贷、发行绿色债券等经验，能够降低企业的融资成本，促进绿色创新的发展。

6. 加强国际合作

加强国际合作与交流，吸取国际先进经验和技术。可以通过参与国际绿色创新组织、开展联合研究等方式，加速绿色创新的步伐，提高国际竞争力。

（四）结论

我国在提高绿色创新投资效率方面取得的成功经验为其他国家提供了宝贵的借鉴。通过明确政策、推动技术创新、以市场为导向、加强企业管理和创新文化建设、建立健全的金融支持机制以及加强国际合作，其他国家或地区可以制定相关政策，建设相关平台，培养创新文化，吸引金融机构参与，提高国际合作水平，从而提升绿色创新投资的效率。

绿色创新投资不仅关乎经济的可持续发展，还直接涉及环境保护和社会责任。通过总结我国的成功经验，其他国家可以更加有针对性地制定政策，推动技术升级、引导市场需求、加强企业管理、提供金融支持，从而在绿色创新领域取得更好的投资效果。

在全球范围内，绿色创新已成为各国和各地区共同面临的挑战。通过国际合作，各国可以共同研究解决方案，分享成功经验，共同应对全球性的环境问题。

同时，对于一些发展中国家来说，通过学习其他国家的成功经验，可以加速本国绿色创新投资的发展，为可持续发展做出更大的贡献。

综上所述，我国在提高绿色创新投资效率方面的成功经验为其他国家或地区提供了宝贵的启示。通过政策引导、技术创新、市场导向、企业管理和金融支持等多方面的努力，其他国家或地区可以加速推动绿色创新，为全球可持续发展贡献力量。在这一共同挑战面前，各国和各地区可以共同努力，分享绿色创新的成果。

第三节　绿色创新投资的风险因素

一、绿色创新投资中常见的风险与不确定性

绿色创新投资作为推动可持续发展和应对全球环境挑战的重要手段，吸引了越来越多的关注和资金。然而，在追求环保和清洁技术创新的过程中，投资者往往面临多样化的风险与不确定性。这里将深入探讨绿色创新投资中常见的风险与不确定性，包括技术风险、市场风险、政策风险等，以期为投资者提供更全面的认识和应对策略。

（一）技术风险

1. 创新性技术的不确定性

绿色创新投资往往涉及尚未广泛应用或验证的新技术。这些技术的创新性使得其效果难以准确预测，投资者需要承担因技术不成熟、效果不如预期等因素带来的风险。

2. 技术转移的复杂性

将绿色技术从实验室推向市场是一个复杂的过程，其中可能涉及技术转移、生产规模化等问题。技术在不同环境中的适用性、可行性及成本效益都是不确定的因素，这可能导致投资者面临技术转移的风险。

3. 竞争与快速演进

绿色领域的技术变革往往极为迅猛，新技术可能在短时间内取代过去的标准。投资者需要时刻关注市场竞争格局的变化，及时调整投资策略以适应快速的技术演进，否则可能面临被淘汰的风险。

（二）市场风险

1. 不确定的市场需求

由于环保和可持续发展意识的提高，绿色产品和服务的市场需求不断增长。然而，市场需求的变化具有一定的不确定性，投资者可能难以准确预测未来的需求趋势，从而导致产品无法满足市场预期。

2. 价格波动和成本不确定性

绿色产业常常受到原材料价格波动的影响，而绿色技术的成本也可能面临制约。不稳定的价格和成本可能对企业的盈利能力和投资回报率产生负面影响，是市场风险的一个重要。

（三）政策风险

1. 税收和补贴政策的不确定性

政府的税收和补贴政策直接关系到企业的成本和盈利水平。由于政策的不确定性，企业可能难以预测未来的财务状况，从而面临政策变化可能带来的风险。

2. 竞争与监管环境的不确定性

政府的监管政策直接影响企业的生产和运营。对于绿色产业而言，监管环境的不确定性可能导致企业面临更多的合规风险，增加了投资者的经营不确定性。

3. 国际合作与贸易政策的波动

绿色创新投资常常跨足多国，涉及国际贸易与合作。由于国际政治、经济环境的变化和贸易政策的调整可能对企业的国际业务产生直接影响，并增加跨国投资的政策风险。

（四）资金风险

1. 投资成本和回报率的不确定性

投资者在绿色创新项目中面临投资成本和回报率的不确定性。由于技术创新、市场需求和政策变动等因素，项目的投资成本和盈利回报可能难以准确估算，从而增加了投资者的财务风险。

2. 资本市场的波动

绿色创新投资需要大量资金支持，资本市场的波动可能影响企业的融资能力。市场不确定性和投资者情绪波动可能导致资本市场的不稳定，从而影响企业的融资成本和融资能力。

3. 长期回报与短期压力的平衡

绿色创新项目往往需要较长时间才能取得可观的回报，但许多投资者面临短期回报和市场压力的考验。为了平衡绿色创新的长期收益与投资者的短期期望，企业需要制定合理的投资计划和沟通策略，以确保获得投资者的理解和支持。

（五）环境和社会风险

1. 气候变化和自然灾害

绿色创新投资通常涉及应对气候变化和保护生态系统。然而，气候变化和自然灾害可能导致投资项目受损，增加企业经营的不确定性。因此，投资者需要考虑环境风险对企业长期可持续发展的影响。

2. 社会接受度和声誉风险

绿色创新项目可能面临公众的质疑和抵制，尤其是在环保和可持续发展等领域。社会接受度的不确定性可能导致企业声誉受损，进而影响投资者的信心和市场地位。

3. 供应链的可持续性

绿色创新投资涉及复杂的全球供应链，其中包括原材料获取、生产、分销等环节。供应链的不可预测性和不稳定性可能导致企业面临生产中断和成本上升等问题，从而影响投资项目的可持续性。

绿色创新投资在追求经济回报的同时，也面临多种风险与不确定性。技术、市场、政策、资金和社会等方面的风险相互交织，对投资者提出了更高的要求。有效的风险管理和应对策略对于投资者来说至关重要。通过全面评估、多元化投资组合、持续监测政策环境、强化技术创新管理、加强社会沟通和参与等手段，投资者可以更好地把握绿色创新领域的机会，降低风险，实现可持续发展。未来，随着全球对可持续发展的需求不断增长，绿色创新投资有望继续成为引领经济转型的重要力量。

二、绿色创新投资中风险管理的有效策略

绿色创新投资是一项在环保和可持续发展领域中追求经济回报的战略性投

资。然而，由于技术、市场和政策等方面的不确定性，投资者在进行绿色创新投资时面临多样化的风险。为了最大限度地降低这些风险并确保投资的长期可持续性，需要采取有效的风险管理策略。这里将深入探讨在绿色创新投资中实施的有效风险管理策略，涵盖多个方面，包括技术风险、市场风险、政策风险、资金风险，以及社会和环境风险。

（一）技术风险管理

1. 尽职调查与技术评估

在投资之前，进行全面的尽职调查是至关重要的。对于绿色创新项目，尤其需要深入了解相关技术的成熟度、可行性和市场前景等方面。建立与科研机构和行业专家的合作关系，以获取最新的技术信息，并评估技术风险。

2. 多元化技术投资

将投资分散到不同的绿色技术领域，可以降低因特定技术带来的风险。多元化技术投资有助于平衡不同技术创新的成功概率，稀释某一领域失败对整个投资组合的不利影响。

3. 建立技术创新管理团队

组建专业的技术创新管理团队，负责监测技术趋势、评估新技术的商业潜力，并及时调整投资组合。这样的团队能够更好地应对技术变革和迅速发展的挑战，为投资者提供专业意见。

（二）市场风险管理

1. 市场调研与需求分析

在进行绿色创新投资之前，全面的市场调研和需求分析至关重要。了解目标市场的规模、增长趋势、竞争格局等信息，有助于投资者更准确地把握市场机会，降低市场风险。

2. 制定灵活的市场策略

由于绿色创新项目可能受到市场和技术的影响，制定灵活的市场策略至关重要。投资者应定期评估市场动态，灵活调整产品定位和推广策略，以适应市场变化。

3. 建立战略合作伙伴关系

与行业内的战略合作伙伴建立紧密关系，可以降低市场风险。通过与供应商、分销商和科研机构等建立战略合作，投资者可以更好地了解市场需求，提高市场份额。

（三）政策风险管理

1. 持续监测政策环境

政策风险是绿色创新投资中常见的挑战之一。因此，投资者需要持续监测政策环境。建立与政府相关部门的沟通渠道，定期了解政策变化，以便及时调整战略。

2. 多元化地域投资

由于不同地区的政策环境存在较大差异，投资者可以通过多元化地域投资来降低政策风险。将投资分散到不同国家或地区，有助于政策风险，因为不同地区可能有不同的法规和政策支持。

3. 建立政府关系

与政府建立紧密的关系，包括与政府官员的沟通和参与政府咨询机构等，这有助于投资者更好地了解政府的政策方向和政治动态，从而提前预知可能的政策变化。

4. 制定多情景应对方案

由于政策的不确定性，投资者可以制定多种情景应对方案。这包括预测能的政策变化并提前准备应对措施，以降低政策变动带来的负面影响。

（四）资金风险管理

1. 资金管理与财务规划

建立严谨的资金管理制度和财务规划，确保投资者能够有效应对资金风险。这包括审慎的资本支出计划、合理的负债管理和灵活的融资结构，以确保企业在面对市场波动和资金需求时能够灵活应对。

2. 多元化融资渠道

依赖单一融资渠道可能使投资者更容易受到资金市场波动的影响。投资者应该寻求多元化的融资渠道，包括银行贷款、风险投资、绿色债券等，以降低对单一融资渠道的依赖。

3. 长期投资与短期回报平衡

在绿色创新投资中，许多项目需要较长时间才能实现可观的回报。为了平衡长期回报与短期市场压力，投资者在资金规划中需充分考虑项目的特性，确保有足够的资金支持项目的长期发展。

（五）环境和社会风险管理

1. 提高社会参与与透明度

建立积极的社会参与机制，包括与当地社区的沟通和透明的信息披露。通过与利益相关方建立良好的关系，投资者能够更好地理解和解决社会风险，从而提升企业声誉。

2. 环境影响评估

在项目实施前，应进行全面的环境影响评估，以评估项目对环境的潜在影响。这将有助于投资者更好地了解项目可能面临的环境风险，并采取相应措施以保护生态环境。

3. 可持续供应链管理

建立可持续的供应链管理体系，包括对供应商的环境和社会责任的要求，确保原材料和产品的可追溯性。这有助于减轻供应链的环境和社会风险，提高企业的整体可持续性。

（六）积极联合利益相关方

1. 鼓励利益相关方参与

积极联系利益相关方，包括政府、社区、员工和客户等。建立开放、透明的沟通机制，了解各方的关切和期望，及时解决潜在的矛盾和问题，以确保项目的顺利推进。

2. 创立社会责任机制

制定并执行明确的社会责任政策，确保企业在经营中充分考虑社会和环境的可持续性。积极履行企业社会责任，不仅有助于提升企业形象，还能够降低社会和环境风险。

绿色创新投资虽然面临多方面的风险，但通过有效的风险管理策略，投资者能够更好地把握机会，降低潜在的损失。对技术风险、市场风险、政策风险、资金风险以及社会与环境风险的综合管理，是确保绿色创新项目成功的关键。投资者需要不断优化风险管理体系，保持对外部环境变化的敏感性，以适应日益复杂和变化的市场条件，实现可持续的绿色创新投资。在全球追求可持续发展的趋势下，通过科学的风险管理，绿色创新投资将继续为经济和社会的可持续发展做出贡献。

第四节　我国绿色创新投资效率的影响因素

一、我国政策环境对绿色创新投资效率的影响

中国作为全球最大的发展中国家，近年来一直在积极推动绿色创新，以应对日益严重的环境问题，实现可持续发展目标。政府制定并实施的相关政策，直接影响了企业和投资者在绿色创新领域的投资行为。这里将深入探讨我国政策环境对绿色创新投资效率的影响，涵盖政策制定与调整、支持力度、市场准入等多个方面。

（一）政策制定与调整

1. 政策的稳定性与连续性

政府在绿色创新领域制定的政策的稳定性和连续性直接影响企业和投资者的信心。如果政策频繁调整或者存在较大的不确定性，可能导致投资者持续观望，不敢轻易投入。相反，若政策制定较为稳定，能够形成长期合理的预期，将有助于激发企业的投资积极性。

2. 政策的协同性

在绿色创新领域，政府需要制定一系列相互协同、相互支持的政策，形成完整的政策体系。例如，环境保护政策、技术创新政策、财税激励政策等应协同作用，得以全方位支持绿色创新。政策的协同性能够提高企业的投资效率，使资源更有针对性地用于绿色创新。

（二）政策支持力度

1. 财政激励政策

财政激励政策是政府通过财政手段来推动绿色创新的一种方式，如税收减免、补贴、奖励等。政府提供的财政支持力度越大，就越能够降低企业的创新成本，提高绿色创新的投资效率。

2. 研发资金支持

政府通过设立专项资金和创新基金等形式，直接向企业提供研发支持。这能够降低企业的创新风险，鼓励企业在绿色技术研发上进行更大胆的尝试，推动科技创新。

3. 政策的长期性

政策的长期性体现在支持政策的延续时间上。如果政策的支持仅是短期的或一次性的，可能难以激励企业制定长期的绿色创新计划。因此，政府应将支持政策纳入长期发展规划，以确保其长期的稳定性。

（三）市场准入和监管环境

1. 准入门槛的确定

政府通过设定市场准入门槛来引导企业的绿色创新方向。如果准入门槛明确且合理，这将有助于提高行业整体的技术水平，减少不良竞争，从而提高企业的投资效率。

2. 创新环境的建设

政府还可以通过建设良好的创新环境，包括知识产权保护体系、科研机构的支持和人才培养等方面，为企业提供更好的创新条件。这将有助于提高绿色创新的成功率和投资效率。

3. 监管的透明度

政府在监管方面需要保持透明度，及时发布相关政策和法规，并提供明确的执行标准。透明的监管环境有助于企业更好地避免合规风险和遵守相关规定，从而提高投资效率。

（四）国际合作与开放

1. 国际合作机制

政府可以通过促进国际合作，吸引国际创新资源和先进技术。与其他国家或地区建立合作机制，共同推动绿色创新，有助于推动我国企业走向国际市场，提高绿色创新的全球竞争力。

2. 国际标准的融入

将国际标准纳入我国的绿色创新标准体系，有助于我国企业更好地融入全球绿色创新体系。这不仅有助于提高企业在国际市场的认可度，还能引入国际先进经验和技术。

3. 对外开放的政策

政府的对外开放政策直接影响着企业的绿色创新投资。积极推动自由贸易、降低进口关税、吸引外资等政策有助于引入国际先进技术，提高我国绿色创新的效率。

（五）区域差异与分层治理

1. 考虑区域特点

中国幅员辽阔，不同地区的经济和资源状况存在差异。政府在制定绿色创新政策时，需要考虑各区域的特点，量身定制相应政策，以更好地发挥各地的优势，推动绿色创新。

2. 分层治理机制

建立分层治理机制，将部分决策权下放至地方政府，使其能够更加灵活地制定符合本地发展需求的绿色创新政策。这有助于更有效地解决地方性环境和资源问题，推动地方经济的可持续发展。

（六）民间力量参与

1. 民间机构的角色

政府可以通过鼓励和支持民间机构的参与，引导社会资本进入绿色创新领域。非政府组织、研究机构、行业协会等民间机构的参与，有助于形成多元化的创新体系，从而提高整个行业的创新水平。

2. 民众参与的重要性

民众对绿色创新的接受和支持程度直接影响企业在该领域的投资效率。政府应通过宣传教育和鼓励社会参与等手段，提高公众对绿色创新的认知和支持水平，推动整个社会形成对绿色创新的共识。

（七）绿色创新的法律法规体系

1. 法律法规体系的完善

政府应当不断完善绿色创新的法律法规体系，明确各类创新活动参与者的法律地位、责任和义务。完善的法律法规体系有助于规范绿色创新行为，降低法律风险，提高企业的投资信心。

2. 绿色标准的设定

政府可以通过制定绿色标准，引导企业朝着环保、可持续的方向进行绿色创新。这不仅有助于提高绿色产品在市场上的竞争力，还能够规范绿色创新的方向，使其更符合社会和环境的可持续发展需求。

（八）信息透明度与科技创新

1. 信息透明度的重要性

政府在绿色创新领域应保持信息透明度，及时发布相关政策、法规和市场信息。这将有助于企业更好地了解市场需求和政策导向，提高企业在绿色创新投资决策中的准确性。

2. 科技创新的支持

政府可以通过设立科技创新基金、加大对科研机构的支持等方式，推动绿色技术的持续创新。科技创新是绿色创新的核心驱动力，政府应当为科技创新提供更多支持，以提高绿色创新的技术水平。

绿色创新领域的政策环境对企业和投资者的行为有着深远的影响。政策的制定与调整、支持力度、市场准入、国际合作、对外开放、区域差异、民间力量、法规体系、信息透明度和科技创新等多个方面都直接影响绿色创新投资的效率。政府应综合考虑各种因素，制定合理、稳定的政策，为企业提供长期且可预期的投资环境，推动绿色创新在中国不断取得新的突破。随着全球对可持续发展的需求不断增长，我国在绿色创新投资方面的经验与实践将继续发挥重要作用，推动经济从高速增长阶段向高质量发展阶段转型。

二、我国绿色产业结构调整对投资效率的影响

近年来，随着全球对可持续发展的关注日益增强，我国正在积极推动绿色产业结构调整，以应对环境问题、提高资源利用效率，并推动经济转型升级。这一过程直接影响了企业和投资者在绿色产业领域的投资行为。这里将深入探讨我国绿色产业结构调整对投资效率的影响，涵盖产业升级、技术创新、市场需求、政策导向等多个方面。

（一）产业升级与结构调整

1. 绿色产业的定义与范围

绿色产业包括可再生能源、环保技术、清洁生产、低碳交通等多个领域。随着社会环保意识的提高，我国正在加大对这些领域的支持，推动产业升级与结构调整。

2. 传统产业向绿色产业的转变

自 2010 年以来，我国持续保持世界第一制造大国的地位，传统产业在国家经济中占据重要地位。绿色产业结构调整的目标之一是推动传统产业向更加环保、可持续的方向发展，提高整体产业的可持续性。

3. 优化产业布局

通过结构调整和优化产业布局，使绿色产业在国家产业链中发挥更为重要的作用。这有助于形成新的增长点，提高整个产业链的附加值，推动经济向高质量发展。

（二）技术创新与绿色产业

1. 推动绿色技术创新

结构调整的过程中，技术创新是推动绿色产业发展的关键。政府需要通过制定激励政策、设立科研基金等手段，引导企业加大对绿色技术研发的投入，提高整个产业的技术水平。

2. 产业链协同创新

绿色产业结构调整要求不同环节的企业之间进行更紧密的合作，形成产业链协同创新。这有助于将绿色技术从研发阶段快速推向市场，提高技术在实际生产中的应用效率。

3. 引导企业加大绿色投资

政府可以通过激励机制，如税收优惠、创新基金支持等，来引导企业加大在绿色产业领域的投资。这将有助于提升整个产业的技术水平，并推动产业升级。

（三）市场需求的变化

1. 消费者对绿色产品的认知提高

随着环保意识的增强，消费者对绿色产品的认知度不断提高。这促使企业加大对绿色产品研发和生产的投入，以满足市场需求，提高投资效益。

2. 绿色消费市场的扩大

随着绿色产业的发展，绿色消费市场也在不断扩大。政府在结构调整中要通过激励措施，促使更多企业进入绿色市场，提高市场的竞争程度，有助于提升投资效率。

3. 基础设施建设的拉动效应

绿色产业的发展需要相应的基础设施支持，如可再生能源发电设施、电动汽车充电站等。政府在基础设施建设中加大对绿色产业的支持，将对绿色产业的投资效率产生积极的推动作用。

（四）政策导向与支持

1. 制定明确的产业政策

政府需要制定明确的绿色产业政策，包括产业发展方向、技术创新支持、市场准入标准等。这将有助于引导企业更有针对性地进行投资，从而提高政策导向的投资效率。

2. 建立绿色金融体系

政府可以通过建立绿色金融体系，为绿色产业发展提供所需的资金支持。这将有助于降低企业的融资成本，提高绿色产业的投资效率。

3. 引导社会资本参与

政府在结构调整中应引导社会资本更多参与绿色产业。通过设立绿色产业基金等措施，引导社会资本投资绿色项目，提高其对绿色产业的关注和支持。

（五）企业自身管理与创新

1. 提升企业自主创新能力

政府在产业结构调整中可以通过激励政策、科技创新基金等手段，帮助企业提升自主创新能力。这将有助于提高企业在绿色产业中的竞争力，促使企业更加主动地进行绿色创新，从而提高投资效率。

2. 建立科技创新体系

企业可以建立自身的科技创新体系，通过与科研机构、高校等合作，共同推动绿色技术的研发和应用。建立完善的创新体系有助于提高企业在绿色产业中的创新效率，并降低技术创新的风险。

3. 管理体系的持续改进

企业在投资绿色产业时，需要建立健全的管理体系，包括环境管理、能源管理和质量管理等。通过不断改进管理体系，提高资源利用效率和降低生产成本，这将有助于提升整体的投资效率。

（六）绿色人才培养与引进

1. 加强人才培养

绿色产业需要高素质的专业人才，政府可以通过加强相关专业的培养来提高绿色人才的供给水平。高素质人才的培养将有助于企业更好地应对绿色产业的挑战并提高投资效率。

2. 引进国际绿色人才

政府还可以通过引进国际绿色人才，借鉴国际先进经验和技术。国际绿色人才的引进将有助于我国绿色产业更好地融入全球创新体系，提高整体创新水平。

（七）绿色产业链的整合与协同

1. 优化绿色产业链

绿色产业链包括从原材料采购、生产制造、产品销售到废弃物处理等多个环节。政府可以通过优化产业链，提高各个环节的协同效率，降低整个产业链的成本，从而促进投资效率的提升。

2. 跨行业协同创新

鼓励不同行业之间的协同创新，推动绿色产业的跨界融合。例如，将先进的环保技术引入传统制造业，实现资源的循环利用。跨行业的协同创新有助于形成更加完善的产业生态系统，提高整体投资效率。

（八）绿色产业的国际合作

1. 拓展国际市场

政府可以通过促进绿色产业的国际化，拓展企业在国际市场的发展空间。开展国际合作、共享全球资源，有助于提高我国绿色产业的国际竞争力，从而激励企业进行更多的投资。

2. 共建绿色基础设施

与其他国家共同推动绿色基础设施建设，形成全球绿色产业链。共建绿色基础设施有助于推动全球绿色经济的共同发展，并提高我国在全球绿色产业中的地位。

（九）绿色产业的风险管理

1. 风险评估与防范

在绿色产业投资过程中，政府和企业需要进行全面的风险评估，包括市场风险、技术风险和政策风险等方面。通过科学的风险评估和防范措施，可以提高投资的安全性和效率。

2. 制订危机应对计划

面对各种不确定因素，政府和企业需要制定危机应对计划。在产业结构调整过程中，难免会遇到各种挑战，制定有效的危机应对计划将有助于降低损失，提高投资效率。

我国绿色产业结构调整对投资效率的影响是一个多方面、复杂而综合的问题。通过产业升级、技术创新、市场需求变化响应、政策导向与支持、企业自身管理与创新、绿色人才培养与引进、绿色产业链的整合与协同、绿色产业的国际合作等多个方面的努力，我国绿色产业结构调整将在提高整体投资效率的同时，推动可持续发展，实现经济社会的绿色转型。未来，政府和企业需要共同努力，继续优化投资环境，促进创新和协同，以应对全球绿色发展的挑战，实现经济的可持续增长。

三、企业绿色创新投资决策的内部因素与投资效率的关系

随着全球环保意识的提高和可持续发展理念的深入人心，企业在绿色创新领域的投资变得愈发重要。企业的绿色创新投资决策受到多方面因素的影响，包括内部管理机制、技术创新能力和财务状况等。这里将深入探讨企业绿色创新投资决策的内部因素，并分析这些因素与投资效率之间的关系。

（一）内部管理机制与绿色创新投资

1. 领导层的环保意识

企业领导层的环保意识对绿色创新投资决策有着深远的影响。领导者的环保理念和对可持续发展的认知将影响企业在绿色创新方面的战略规划和资源配

置。具有较高环保意识的领导者更有可能支持绿色创新项目，从而提高企业绿色创新的投资率。

2. 制度建设与内部激励机制

企业内部的制度建设和激励机制对员工在绿色创新中的积极性和创造力起着关键作用。通过建立明确的绿色创新管理制度和奖励机制，可以激发员工的创新热情，推动绿色创新项目的高效实施。

3. 管理层的决策效率

管理层的决策效率直接关系到企业投资决策的迅速性和准确性。在绿色创新投资中，企业需要及时做出决策以抢占市场先机，同时需要确保决策的科学性和可行性，以提高投资的效率。

（二）技术创新能力与绿色创新投资

1. 研发投入与技术积累

企业的研发投入直接关系到其技术创新能力。投入越多，企业在绿色创新领域的技术积累越丰富，从而更有能力进行高水平的绿色创新投资。技术积累的增加有助于提高投资决策的科学性和成功率。

2. 人才队伍构建

企业需要拥有一支高素质的研发团队。特别是在绿色技术领域，拥有专业的人才队伍有助于企业更好地理解和把握绿色创新的机遇，提高创新的效率和水平。

3. 外部技术合作

与外部研发机构、高校等单位建立技术合作关系，是企业获取外部先进技术的途径之一。通过外部技术合作，企业可以更迅速地获得最新的绿色创新技术，提高企业的绿色创新投资效率。

（三）财务状况与绿色创新投资

1. 资金充裕度

企业的资金充裕度是进行绿色创新投资的基础。充足的资金支持可以确保企业在绿色创新项目上拥有更大的灵活性，降低因资金不足带来的投资风险，并提高效率。

2. 投资回报率的预期

企业在进行绿色创新投资时，需要对投资回报率有明确的预期。通过科学的财务评估和风险分析，企业可以更准确地预测投资回报，从而更有效地选择绿色创新项目，提高投资成功率。

3. 财务管理的灵活性

企业在进行绿色创新投资时，需要有一定的财务管理灵活性。灵活的财务管理可以在绿色创新项目面临不确定性和风险时，及时进行调整和应对，以确保投资效率。

（四）绿色创新文化与员工参与

1. 绿色创新文化的建设

企业的绿色创新文化对于员工参与绿色创新至关重要。通过建设积极向上、鼓励创新的企业文化，可以提高员工对绿色创新项目的认同感和投入度，进而促进投资效率的提升。

2. 员工参与机制

员工的参与是绿色创新成功实施的关键。建立良好的员工参与机制，鼓励员工提出创新意见和建议，有助于发掘潜在的绿色创新机会，提高绿色创新投资的效率。

3. 培训和教育

企业可以通过培训和教育来提升员工对绿色创新的理解和认知。提高员工对绿色创新的理解有助于激发他们的创新潜力，增加他们在绿色创新投资中的参与度，从而提升整体创新投资的效率。

（五）环境与法规合规性

1. 绿色创新的法规环境

企业在进行绿色创新投资决策时，需要考虑国家和地区的法规环境。合规性对于企业投资的可持续性和成功实施至关重要。关注并遵守绿色产业的法规要求有助于规避潜在的法律风险，提高投资效率。

2. 环境责任感

企业的环境责任感直接关系到其在绿色创新领域的投资决策。具备高度环保责任感的企业更愿意承担社会和环境责任，更倾向于进行符合可持续发展目标的绿色创新投资，从而提高投资效率。

3. 社会声誉的维护

绿色创新投资决策会影响企业在社会中的形象和声誉。企业通过积极参与绿色创新，提高环保意识，有助于维护其在社会中的良好形象，增强消费者和投资者的信任，从而提高投资效率。

（六）管理创新与业务模式优化

1. 创新的管理方法

在绿色创新投资中，创新的管理方法是企业提高效率的关键。采用灵活且创新的管理方法，可以更好地适应绿色创新的复杂性和不确定性，提高投资决策的灵活性和准确性。

2. 业务模式的优化

优化业务模式是企业在绿色创新投资中提高效率的有效途径。通过整合资源、提升生产效率、降低成本等方式，优化业务模式有助于提高企业在绿色创新领域的投资效率。

3. 数据驱动的决策方法

采用数据驱动的决策方法是企业提高绿色创新投资效率的重要手段。通过收集、分析和利用大数据，企业可以更准确地了解市场需求、技术趋势等信息，从而提高投资决策的科学性和准确性。

（七）风险管理与创新保障

1. 风险评估与预防

企业在进行绿色创新投资决策前，需要进行全面的风险评估。通过科学的风险评估，企业可以提前识别和预防潜在的投资风险，从而提高投资效率。

2. 多元化投资组合

建立多元化的绿色创新投资组合有助于降低特定项目的风险。通过分散投资，企业可以更好地应对行业变化和市场波动，从而提高整体投资效率。

3. 创新保障机制

建立创新保障机制是企业提高绿色创新投资效率的一种方式。通过购买创新保险、技术创新风险基金等方法，企业可以降低投资的不确定性，提高投资决策的信心。

企业绿色创新投资决策的内部因素与效率关系是一个复杂而综合的问题。领导层的环保意识、内部管理机制、技术创新能力、财务状况、绿色创新文化、环境与法规合规性、管理创新与业务模式优化、风险管理与创新保障等多个因素相互作用，共同影响企业在绿色创新领域的投资决策效率。

企业在制定绿色创新投资决策时，需要全面考虑这些因素，并在实践中不断优化和调整。有效的内部管理、高效的技术创新、健康的财务状况、积极的绿色创新文化以及科学的风险管理，都是企业提高绿色创新投资效率的关键。

在未来，企业需要不断适应市场变化，注重创新管理，将绿色创新与可持续发展相结合，以更高效的方式参与并推动绿色创新领域的发展。

第五章　数字金融对绿色创新投资效率的作用机理分析

第一节　数字金融对绿色创新投资效率的直接作用

一、数字金融在提高绿色创新投资效率中的直接作用因素

随着全球对气候变化和可持续发展的关注不断升温，绿色创新投资已成为推动经济可持续增长的关键因素。数字金融作为金融领域的创新方向之一，为绿色创新投资提供了新的机遇和解决方案。这里将深入探讨数字金融在提高绿色创新投资效率中的直接影响因素。

（一）数字金融与绿色创新投资的融合

1. 绿色金融的兴起

绿色金融是数字金融与可持续发展的结合，旨在通过金融手段支持绿色产业和绿色项目，推动可持续发展。在这一过程中，数字金融发挥了积极的作用，提高了绿色创新投资的效率。

2. 电子支付与交易便捷性

数字金融中的电子支付系统为绿色创新投资提供了更加便捷、高效的交易方式。投资者可以通过电子支付快速完成资金划转，降低了交易的时间成本，提高投资效率。

3. 区块链技术的透明性与可追溯性

区块链技术的应用使绿色创新投资的过程更加透明和可追溯。区块链可以记录和验证每一笔交易，确保投资流程的透明度，降低潜在的不透明性和风险，从而提高投资的效率。

4. 大数据与风险评估

数字金融通过大数据分析，能够更全面、准确地评估绿色创新项目的风险。借助大数据的能力，金融机构可以更好地了解项目的历史表现和市场趋势，提高对绿色创新投资风险的洞察力，从而降低投资的不确定性。

5. 人工智能在投资决策中的应用

数字金融中的人工智能技术可以用于绿色创新投资决策的智能化。通过机器学习算法分析市场数据、行业趋势等，人工智能系统能够为投资者提供更科学、精准的投资建议，从而提高投资决策的效率。

（二）直接作用因素：提高绿色创新投资效率

1. 降低交易成本

数字金融通过在线支付、电子合同等方式，降低了绿色创新投资的交易成本。相较于传统金融手段，数字金融的高效性使得投资者能够更便捷地完成交易，减少了投资的运营成本。

2. 提高融资效率

数字金融为绿色创新企业提供了更广泛的融资渠道。通过众筹平台、数字银行等方式，企业能够更容易地获得资金支持，提高了绿色创新项目的融资效率。

3. 加速资金流动

数字金融的特点之一是加速了资金的流动速度。通过数字支付系统和结算机制，资金能够更快地从投资者流向绿色创新项目，加速了项目的实施进程，提高了整体的资金流动效率。

4. 提升投资决策的科学性

数字金融中的大数据分析和人工智能技术，使得投资决策更加科学和精准。投资者可以基于更全面的数据进行决策，降低投资的盲目性，提高投资决策的科学性和准确性。

5. 支持绿色创新项目的监管体系

数字金融促进了绿色金融的发展，也推动了相关监管体系的建设。透明的监管机制使得绿色创新项目更受市场信任，提高了投资的可持续性和效率。数字金融的支持使得监管机构更容易追踪和审计绿色创新项目的资金流向，确保项目的合规性，提高了绿色创新投资的监管效率。

（三）数据安全与隐私保护

1. 安全的数字支付系统

数字金融在提高绿色创新投资效率中的直接作用因素之一是安全的数字支付系统。通过采用加密技术和安全协议，数字支付系统保障了投资者的资金安全，降低了投资过程中的风险，从而提高了投资效率。

2. 隐私保护机制

数字金融平台通常设有严格的隐私保护机制，以确保用户的个人信息得到充分保护。这为投资者提供了信心，使得更多个人和机构愿意参与绿色创新投资，从而提高了投资者参与的积极性和投资效率。

（四）未来展望

1. 区块链技术的应用拓展

随着区块链技术的不断发展，其在数字金融和绿色创新投资中的应用仍有较大的拓展空间。区块链的去中心化和不可篡改的特性，有望进一步提高投资过程的透明度、可追溯性和信任度，为绿色创新投资提供更为强大的支持。

2. 人工智能决策的精准度提升

随着人工智能技术的不断升级，其在绿色创新投资决策中的精准度将进一步提升。更为先进的算法和模型将能够更准确地预测市场趋势、项目风险等因素，为投资者提供更具参考价值的决策支持。

3. 更广泛的融资渠道开发

数字金融的不断发展将为绿色创新投资开辟更广泛的融资渠道。未来，可能会出现更多面向绿色创新项目的数字金融工具和平台，促进更多资金流向绿色创新领域，提高投资的效率。

4. 法规与标准的进一步完善

为了更好地保障数字金融在绿色创新投资中的稳健发展，相关法规和标准还需进一步完善。透明、合规的法规环境将有助于增强投资者信心，进一步提高投资效率。

数字金融在提升绿色创新投资效率方面发挥着重要的直接作用。它通过降低交易成本、提高融资效率、加速资金流动、增强投资决策的科学性、支持绿色创新项目的监管体系以及加强数据安全与隐私保护等方式，为绿色创新投资创造了更加便捷、高效和安全的环境。

然而，数字金融在提升绿色创新投资效率方面仍面临一些挑战，包括技术风险、安全隐患和法规不确定性等。在未来，需要政府、金融机构和企业共同努力，通过不断创新和完善法规体系，提高数字金融在绿色创新投资中的稳定性和可持续性。这将为实现全球可持续发展目标提供有力支持，并推动绿色创新在全球范围内的快速发展。

二、数字金融对绿色创新投资效率的应用案例分析

数字金融作为金融领域的重要创新，不仅对传统金融业务产生了深远影响，同时也为绿色创新投资提供了新的机遇和解决方案。这里将通过应用案例分析，探讨数字金融在提高绿色创新投资效率方面的具体作用，以帮助读者深入了解数字金融如何在实际应用中推动绿色创新领域的可持续发展。

（一）应用案例一：区块链技术在碳交易中的应用

1. 背景

中国积极推动碳市场建设，碳交易已成为实现碳排放减排目标的关键机制之一。数字金融中的区块链技术被应用于碳交易平台，以提高碳交易的透明度、可追溯性和效率。

2. 区块链在碳交易中的作用

（1）透明度提升：区块链技术通过分布式账本的方式，将交易信息公开、透明地存储，任何参与方都可以查看。这有助于建立一个公正透明的碳交易市场，减少信息不对称，提高投资者的信任度。

（2）减少交易成本：传统碳交易通常涉及多个中介机构，导致交易成本居高不下。区块链技术具备去中心化的特点，能够简化交易流程，降低中介费用，从而使碳交易更加经济高效。

（3）确保数据可信度：区块链的不可篡改性保障了碳排放数据的真实性，防范数据篡改和造假，为投资者提供可靠的信息基础，降低投资风险。

（二）应用案例二：数字支付促进太阳能光伏项目融资

1. 背景

太阳能光伏项目作为绿色能源的代表，在可再生能源领域具有广阔的发展前景。数字支付技术的应用为太阳能光伏项目的融资提供了更加便捷的渠道。

2. 数字支付在融资中的作用

（1）融资渠道多样化：利用数字支付，投资者可以通过在线平台直接参与太阳能光伏项目的融资，无须传统金融机构作为中介。这使得融资渠道更加多样化，为更多小额投资者提供了参与机会。

（2）资金流动效率提升：数字支付的实时性和高效性加速了资金的流动。投资者通过数字支付方式迅速将资金注入太阳能光伏项目，缩短了募资周期，提高了融资效率。

（3）降低融资门槛：传统融资方式可能对小型投资者设置较高的门槛，而数字支付的特点在于可以进行小额支付，从而降低了融资的起点。这促使更多的个人投资者参与太阳能光伏项目，推动了项目融资的多元化。

（三）应用案例三：大数据分析在绿色创新投资决策中的应用

1. 背景

大数据分析在金融领域的应用已经成为提高投资决策科学性的重要手段。在绿色创新投资中，大数据分析被用于挖掘项目潜力、评估市场趋势等方面。

2. 大数据在投资决策中的作用

（1）市场趋势预测：大数据分析能够基于历史数据和实时数据预测绿色创新领域的市场趋势。这为投资者提供更准确的市场信息，帮助他们做出更明智的投资决策。

（2）项目潜力挖掘：大数据分析能够深入挖掘绿色创新项目，评估项目的技术创新程度、市场需求和竞争态势等因素。

（3）风险评估：大数据分析有助于全面评估绿色创新项目的风险。通过分析各种因素，包括市场不确定性、技术风险和政策风险等，投资者能够更准确地识别和评估潜在的投资风险。

（4）投资组合优化：通过大数据分析，投资者可以优化其绿色创新投资组合。通过分析不同项目的预期收益、风险水平、市场关联性等因素，投资者能够构建更加均衡和多样化的投资组合，从而提高整体投资效率。

（四）应用案例四：人工智能在风险管理中的应用

1. 背景

人工智能技术在金融领域的应用已经取得了显著成果，尤其在风险管理方面发挥了重要作用。在绿色创新投资中，人工智能被用于更精准的风险评估和管理。

2. 人工智能在风险管理中的作用

（1）智能风险评估：人工智能通过分析大量的历史数据和实时市场信息，可以进行更加智能化的风险评估。机器学习算法能够识别隐藏在数据背后的模式，从而更准确地评估项目的潜在风险。

（2）实时监测与应对：人工智能系统能够实时监测市场变化和项目动态，及时发现潜在的风险因素。同时，系统可以根据预设规则或积累的经验进行智能决策，帮助投资者及时制定风险管理策略。

（3）自动化风险控制：人工智能技术能够实现风险管理的自动化。通过设定预警机制和自动化执行策略，投资者可以更高效地应对市场波动，降低风险对投资效率的影响。

（五）案例综述与启示

通过以上应用案例的分析，可以得出以下启示：

数字支付和区块链技术提升了绿色创新项目的融资效率。这使得更多投资者能够投身绿色创新领域，推动项目的多元化融资，并提高整体融资效率。

大数据分析为投资者提供了更为科学的投资决策依据。通过对市场趋势、项目潜力和风险等因素的深入分析，投资者能够更准确地判断投资方向，从而提高投资决策的科学性和准确性。

人工智能在风险管理中发挥着关键作用。智能化的风险评估和实时监测有助于投资者更好地理解和应对潜在风险，提高了投资的稳健性。

数字金融在绿色创新投资中的实证案例表明，通过引入数字支付、区块链技术、大数据分析和人工智能等技术手段，可以显著提高投资效率，降低风险，推动绿色创新项目的可持续发展。未来，随着技术的不断创新和应用场景的扩大，数字金融将继续在绿色创新投资领域发挥重要作用，为构建更具可持续性的未来做出贡献。

三、数字金融工具在绿色创新投资效率提升中的作用机制

随着各国对气候变化和可持续发展的日益关注，绿色创新已成为推动经济可持续增长的重要力量。数字金融作为金融领域的一项创新，不仅为绿色创新提供了新的融资渠道，还通过技术手段提高了投资效率。这里将深入探讨数字金融工具在提升绿色创新投资效率中的作用机制。

（一）数字支付与资金流动效率提升

1. 无现金支付的便捷性

数字支付工具的典型代表是电子支付和移动支付等，它们的出现极大地简化了绿色创新投资中的交易流程。投资者可以通过手机或电脑轻松完成投资款项的支付，避免了传统交易中复杂的现金处理程序，从而大大提高了资金的流动效率。

2. 跨境支付的便捷与降低汇率风险

数字支付工具使跨境支付变得更加简便。投资者可以通过数字支付平台直接进行国际资金划转，避免传统银行跨境转账的烦琐程序。同时，数字支付工具在处理跨境支付时，提供更具竞争力的汇率，降低汇率波动带来的风险，为国际绿色创新投资提供了更加稳健的资金流动环境。

3. 自动化支付与定期投资

数字支付工具支持自动化支付和定期投资功能，投资者可以设定定期投资计划，实现资金自动转移和投资。这不仅提高了定期投资的便捷性，还使资金更有规律地流入绿色创新项目，使得项目获得长期资金支持，提高了整体投资效率。

（二）区块链技术与透明度和可追溯性提升

1. 透明的交易记录

区块链技术通过分布式账本，将交易记录公开且透明地存储在网络中的每个节点上。这种透明度使得投资者能够实时了解项目的交易流向，从而增强对绿色创新项目的信任。投资者可以查看每一笔交易，确保资金使用的透明度，从而提升了绿色创新投资的透明度。

2. 智能合约提高交易效率

区块链中的智能合约是一种自动执行合同条款的程序代码，它们能够在无须中介的情况下自动执行交易。在绿色创新投资中，智能合约可以用于自动化的资金分配和收益分配等，大大提高了交易效率。投资者和项目方无须等待传统合同执行的时间，而是通过智能合约实现即时的资金操作。

3. 可追溯性的项目管理

区块链技术提供的可追溯性使得整个绿色创新项目的管理更加高效。每一步的记录被永久存储在区块链上，项目的进展、资金使用等信息一目了然。这种可追溯性不仅方便投资者监管项目的执行情况，也为项目方提供了更为规范和透明的管理手段，提高了项目的整体管理效率。

（三）大数据分析在投资决策中的应用

1. 数据驱动的投资决策

大数据分析工具通过收集、整理和分析大量的市场数据、项目信息及行业趋势，为投资者提供全面的投资决策支持。投资者可以基于更为全面的数据进行投资决策，从而避免依赖有限信息做出的盲目决策，提高了投资决策的科学性和准确性。

2. 风险预测与管理

大数据分析技术在绿色创新投资中能够实现更为精准的风险预测。通过对历史数据的分析和建模，大数据工具可以识别出潜在的风险因素，并帮助投资者制定更有效的风险管理策略。这种个性化的风险管理方案有助于提高投资的稳健性，降低潜在风险对投资效率的影响。

3. 趋势分析与市场预测

大数据分析在绿色创新领域还可以用于趋势分析和市场预测。通过对市场需求、政策环境、技术创新等方面的大数据进行综合分析，投资者可以更准确地预测市场发展趋势，从而调整投资策略，提高投资效率。

（四）人工智能在风险管理和投资决策中的创新

1. 智能风险评估

AI 在绿色创新投资中的一个作用机制是智能风险评估。通过深度学习和机器学习算法，AI 可以分析大量数据，识别潜在的风险因素。这种智能风险评估不仅可以提高对项目本身风险的识别能力，还能够更准确地判断市场波动、政策变化等外部因素对投资的影响，从而帮助投资者更科学地制定风险管理策略。

2. 实时监测与自动化决策

人工智能在绿色创新投资中实现了实时监测和自动化决策。通过对市场数据的实时监测，AI 系统能够及时发现市场变化和项目动态，从而迅速做出决策。同时，基于预设规则或通过机器学习获得的经验，AI 系统能够自动执行投资决策，实现交易的自动化。这样的实时监测和自动化决策机制不仅提高了投资者对市场的敏感度，还加速了投资决策的执行，提高了整体投资效率。

3. 预测分析与优化投资组合

人工智能在预测分析和优化投资组合方面发挥着关键作用。通过对大量数据的分析和学习，AI 系统能够预测市场趋势、行业发展方向等信息，为投资者提供更精准的预测分析。同时，通过优化投资组合，考虑不同项目之间的关联性和风险分布，AI 系统可以帮助投资者构建更为均衡和稳健的投资组合，提高整体投资效率。

（五）数字金融工具作用机制的协同效应

数字支付、区块链技术、大数据分析和人工智能这些数字金融工具并非独立存在，它们在绿色创新投资中的作用机制具有协同效应：

1. 数据共享与整合

数字金融工具通过实现数据的共享与整合，将交易数据、市场信息、项目进展等多方面的信息汇集到一个平台上。这有助于提高数据的可访问性，使得大数据分析和人工智能能够更全面地分析数据，为投资决策提供更为准确的信息基础。

2. 智能合约的应用

区块链技术中的智能合约可以与数字支付工具协同使用，实现自动化支付和资金分配。这种智能合约的应用加速了资金流动，提高了整体交易效率，同时降低了中介环节的成本，为投资者提供更为便捷的投资体验。

3. 风险管理与决策支持

数字支付、区块链技术、大数据分析和人工智能在风险管理和决策支持方面实现了有机整合。大数据分析和人工智能能够通过智能算法识别潜在风险，而区块链技术提供的透明度和可追溯性有助于更好地监管和管理风险。数字支付工具则提供了实施风险管理策略的便捷手段，实现了全方位的风险管理。

（六）挑战与展望

1. 安全与隐私问题

随着数字金融工具的广泛应用，安全与隐私问题成为需要重点关注的挑战。数字支付和区块链技术涉及大量资金和敏感信息的传输，因此需要采取有效的安全措施来防范潜在风险，以确保投资者的资金安全和个人隐私。

2. 法规与标准的完善

数字金融工具在绿色创新投资中的应用需要更为完善的法规和标准来规范其运作。适当的法律环境能够提高市场的透明度和可预测性，降低投资的不确定性，有助于数字金融工具在绿色创新领域的稳健发展。

3. 技术创新与普及

随着技术的不断创新，数字金融工具需要不断升级和改进，以适应市场的变化和投资者的需求。同时，还需要推动数字金融工具的普及，使更多的投资者能够充分享受数字金融带来的便利和效益。

4. 社会认知与接受

数字金融工具在绿色创新投资中的作用机制需要得到社会的认可和接受。投资者、企业和监管机构需要更深入地了解数字金融工具的优势和潜在价值，以推动其在绿色创新领域的更广泛应用。

数字金融工具在绿色创新投资效率方面发挥了关键作用。通过数字支付、区块链技术、大数据分析和人工智能等工具的有机结合，投资者可更高效、更透明、更安全地进行绿色创新投资。

第二节　数字金融对绿色创新投资效率的间接作用

一、数字金融通过其他渠道间接影响绿色创新投资效率

数字金融作为一种全球性的金融创新，凭借其便捷、高效、智能的特点，不仅直接参与绿色创新投资过程，还通过其他渠道对整个绿色创新生态系统产生了间接而深远的影响。这里将探讨数字金融通过产业链、政策环境、社会认知等渠道间接影响绿色创新投资效率的机制、特点以及未来可能的发展趋势。

（一）产业链金融服务与协同效应

1. 金融服务拓展产业链

数字金融通过拓展产业链金融服务，扩大了绿色创新投资的参与主体。金融服务不再仅限于传统的投资机构和企业，而是延伸至更广泛的产业链上的中小企业、初创企业以及科技创新领域。这种拓展产业链的金融服务为更多绿色创新项目提供了资金支持，推动了整个生态系统的协同发展。

2. 提升中小企业融资效率

数字金融为中小企业提供了更便捷、灵活的融资渠道。通过数字支付、互联网银行等工具，中小企业能够更快速地获取资金，从而加速绿色创新项目的

推进。这种直接融资效率的提升通过产业链的传导，进一步影响整个绿色创新投资生态系统的发展。

3. 数据驱动的风险评估

数字金融通过全面收集和分析数据，为产业链上的企业提供更精准的风险评估服务。基于大数据和人工智能技术，金融机构可以更全面地了解中小企业的经营状况和市场前景等信息，从而更准确地评估其信用风险，提高融资效率。

（二）政策环境塑造与绿色金融创新

1. 推动政策导向与金融创新

数字金融通过间接影响绿色创新投资的一种方式是塑造政策环境，推动绿色金融创新。政府和金融监管机构在制定相关政策时，常常会考虑数字金融工具的应用，以促进绿色投资的发展。例如，通过制定税收政策和利率政策等，鼓励数字支付和区块链技术的应用，间接提高了绿色创新投资的效率。

2. 绿色金融产品创新

数字金融的发展推动了绿色金融产品的创新。例如，绿色债券、绿色信贷等金融工具的推出，使得绿色创新项目更容易获得融资支持。政府在绿色金融方面的政策支持也为金融机构提供了更多创新空间，促使其设计出更符合绿色创新特点的金融产品，从而推动整个行业向更可持续的方向发展。

3. 提高社会对绿色投资的认知度

数字金融通过互联网、社交媒体等渠道提高了绿色投资的宣传和传播效率。越来越多的人能够通过数字平台了解到绿色创新项目的特点和社会影响等信息，从而提升了投资者对绿色创新的认知度。政府和金融机构等主体也能够通过数字平台更广泛地向公众传递绿色金融理念，营造更有利于绿色创新投资的社会环境。

（三）社会认知与可持续投资

1. 提升绿色创新项目知名度

数字金融通过社交媒体、在线平台等渠道提升了绿色创新项目的知名度。项目方可以通过这些数字渠道更直接地与投资者和社会公众进行沟通，展示项目的独特之处和社会贡献，从而吸引更多投资者参与绿色创新投资。

2. 引导社会投资偏好

数字金融的信息传播和社交互动功能有助于引导社会投资者的偏好。社交媒体平台上的用户评价、项目推广等信息在一定程度上能够影响投资者的决策。通过这种方式，数字金融间接塑造了社会对绿色创新的认知和投资偏好，推动了可持续投资的发展。

3. 社会化风险共担

数字金融平台为社会化风险共担提供了更加便捷的机制。通过众筹平台、社交投资平台等数字金融工具，投资者能够更容易地参与小额投资，形成社会化的风险共担。这种模式使更多的个人投资者能够参与绿色创新项目，通过分散化的方式降低个体投资者的风险，提高整体投资效率。

（四）环境评估与可持续发展标准

1. 引入数字技术提升环境评估效率

数字金融通过引入先进的数字技术，如大数据分析和人工智能，提升了对绿色创新项目的环境评估效率。环境评估在投资决策中起着关键作用，数字技术的应用使得评估更加全面和准确，有助于投资者更科学地判断项目的可持续性，从而提升了投资效率。

2. 促进可持续发展标准的制定

数字金融在绿色创新投资中的应用促进了可持续发展标准的制定。随着数字金融的发展，对绿色创新项目在环保、社会责任等方面的要求逐渐提升，形成了一系列可持续发展标准。这些标准不仅为投资者提供了更明确的投资方向，也促使绿色创新项目更加注重可持续性，推动了整个行业的发展。

3. 透明度与信息披露

数字金融平台作为信息传递的枢纽，促进了绿色创新项目的透明度与信息披露。项目方可以通过数字平台实时更新项目的进展、成果、风险等信息，而投资者也能够更直接地获取这些信息，从而降低信息不对称的问题，提升了投资者对项目的了解程度，进而提升投资效率。

（五）数字金融与全球绿色创新投资的互动

1. 跨境投资与国际合作

数字金融的发展促进了绿色创新投资的国际合作。通过数字支付和区块链技术，投资者可以更加便捷地进行跨境投资。数字金融工具的国际化特性推动了全球范围内绿色创新项目的合作，加速了全球绿色创新生态系统的形成。

2. 全球绿色金融标准的趋同

数字金融工具的应用推动了全球范围内绿色金融标准的趋同。在数字化的背景下，各国可以更便捷地分享绿色创新投资的经验和最佳实践，促使国际绿色金融标准逐步趋同。这为全球投资者提供了更为一致的投资环境，并提高了国际绿色创新投资的效率。

3. 数字金融在可持续发展目标中的角色

数字金融通过其他渠道间接影响绿色创新投资的过程中，也成为实现联合国可持续发展目标的关键推动力。数字金融的应用有助于在可持续能源、经济增长、社会公平等多个方面实现目标，从而使绿色创新投资更好地融入全球可持续发展的大格局。

（六）挑战与展望

1. 数字鸿沟问题

虽然数字金融为绿色创新投资提供了更多便利，但数字鸿沟问题仍然存在。在一些发展中国家和偏远地区，数字金融的普及程度相对较低，导致这些地区的绿色创新项目难以获得数字金融带来的便利。未来需要加强数字金融在全球范围内的普及，以确保更多地区能够共享数字金融带来的益处。

2. 社会接受度的提升

数字金融在间接影响绿色创新投资方面，与社会的接受度密切相关。社会对数字金融工具的认知、理解和接受程度直接影响其在绿色创新投资中的作用。因此，未来需要加强公众教育，提升社会对数字金融工具的信任度，促进其更广泛、更深入地参与绿色创新投资。

数字金融通过多种渠道间接影响绿色创新投资效率。它不仅为直接投资提供了更为便捷和高效的工具，还通过拓展产业链、影响政策环境、提升社会认知等方式，间接推动了整个绿色创新生态系统的发展。未来，随着技术的不断创新和社会对绿色创新认知的提升，数字金融工具在绿色创新投资中的作用将进一步深化，为可持续发展注入更多活力。然而，在推动发展的同时，也需重视解决相应的挑战，确保数字金融与绿色创新投资的协同发展是可持续的、安全的和公平的。

二、企业对数字金融创新的间接反应与效果评估

随着数字金融的蓬勃发展，企业面临着数字化转型的巨大压力与机遇。数字金融创新作为一种重要的金融科技手段，不仅在金融行业产生深远的影响，同时也在企业经营管理、融资、支付、风险管理等方面发挥着日益重要的作用。

这里将深入研究企业对数字金融创新的间接反应，探讨数字金融创新对企业运营、战略规划、风险管理等方面的影响，并分析其直接效果。

（一）企业对数字金融创新的间接反应

1. 业务流程优化与效率提升

数字金融创新对企业的首要影响体现在业务流程的优化和效率的提升。通过数字支付、在线融资、智能合约等工具，企业可以简化传统烦琐的金融交易流程，实现资金的快速流转和灵活调配。这种优化有助于提升企业的运营效率，降低交易成本，提升整体竞争力。

2. 融资渠道拓展与融资效率提升

数字金融创新为企业提供了多元化的融资渠道，包括众筹、数字货币融资、区块链债券等形式。企业可以通过这些新型融资工具更灵活地获取资金，从而降低融资成本。此外，数字金融平台通过大数据分析企业的信用状况，为其提供更个性化、精准的融资服务，提升了融资效率。

3. 风险管理的全面提升

数字金融创新对企业的风险管理起到了积极作用。通过区块链技术的透明性和不可篡改性，企业能够实现供应链的可追溯性，从而降低信息不对称带来的风险。智能合约的应用使合同执行更加自动化，减少了合约履行过程中的不确定性。数字金融平台的风险评估工具通过大数据分析，更全面地评估企业的信用状况，提供更加准确的风险预警。

4. 员工工作方式的变革与提升

数字金融创新改变了企业员工的工作方式。随着远程办公、云计算和在线协作工具的普及，员工可以更加灵活地工作，不再受制于传统的地理位置限制。数字金融工具的应用使企业能够更方便地进行全球范围的业务拓展，招聘全球范围内的高级人才，并提升员工的工作效率和满意度。

5. 市场竞争格局的重新塑造

数字金融创新改变了市场竞争格局，为企业提供了更多的发展机会。创新型企业可以通过数字金融平台更容易地获得投资，进一步推动其技术和服务的创新。同时，数字金融也降低了企业进入市场的门槛，有助于中小企业更灵活地参与市场竞争。

（二）数字金融创新对企业的直接效果评估

1. 提升资金利用效率

数字金融创新通过优化资金流转过程，提升了企业的资金利用效率。数字支付和智能合约等工具使企业能够更迅速地进行支付和结算，减少了资金的闲置时间，提升了企业的资金周转效率。

2. 降低融资成本

企业通过数字金融创新获取融资的渠道多样化，大大降低了融资成本。传统融资往往需要经过烦琐的流程和审批，而数字金融提供的在线融资服务更加便捷，减少了融资的时间成本和人力成本。

3. 加强风险管理能力

数字金融创新提供的风险管理工具，如大数据分析和区块链等，其透明性使企业能够更全面地了解和评估自身的风险状况。这有助于企业更及时地采取风险防范措施，从而降低其面临的潜在风险。

4. 推动创新与研发投入

数字金融创新为企业提供了更多的资金来源，推动了对创新与研发的投入。企业可以通过数字金融平台更容易地获得风险投资，从而支持创新与研发项目。这种资金的灵活运用有助于企业在技术和产品创新方面保持竞争优势，并推动产业升级与发展。

5. 提升企业数字化水平

数字金融创新促使企业提升数字化水平，更好地适应数字经济的发展。为了更好地利用数字金融工具，企业通常需要进行内部系统的升级和优化，并采用更先进的信息技术。这不仅有助于企业更高效地利用数字金融的便利，同时也提升了企业整体的数字化水平，为未来的数字化发展奠定了基础。

6. 改善客户体验与服务

数字金融创新提升了企业与客户之间的互动方式，提升了服务水平，改善了客户体验。通过数字支付、在线融资等工具，企业可以更便捷地为客户提供服务，缩短服务周期，提高客户满意度。数字金融平台还为企业提供了更为个性化的客户服务，通过大数据分析了解客户需求，更好地满足客户的个性化需求。

7. 拓宽市场渠道，推动国际化发展

数字金融创新为企业拓宽了市场渠道，推动了国际化发展。通过数字支付和在线融资，企业可以更便捷地进行跨境交易，开拓国际市场。数字金融平台的全球化服务使企业能够更容易地获取国际投资，推动企业在全球范围内的业务扩张。

（三）数字金融创新对企业的战略影响

1. 战略调整与转型升级

数字金融创新推动企业进行战略调整，促使其转型升级。企业需要更好地把握数字金融带来的机遇，通过引入先进的金融科技，提升自身的金融管理水平。这也可能促使企业拓展新的业务领域，以更好地适应数字经济的发展。

2. 合作伙伴关系的重构

数字金融创新改变了企业与金融机构、科技公司等合作伙伴的关系。企业可能更倾向于与数字化程度较高的金融机构合作，共同探索数字金融领域的新模式。此外，与科技公司的合作也更加深入，共同推动数字技术在企业内部的应用。

3. 品牌价值与社会责任的重塑

企业在数字金融创新中的表现将直接影响其品牌价值和社会责任形象。积极参与数字金融创新，提供更便捷、安全、高效的金融服务，有助于提升企业的品牌形象。同时，企业还需要关注数字金融发展可能带来的社会影响，主动承担社会责任，强化可持续发展的实践。

4. 人才培养与组织架构优化

数字金融创新对企业内部的人才需求和组织架构提出了新的挑战。企业需要培养具备数字金融专业知识和技能的人才，并构建数字化团队。组织架构也需要相应地优化，以更好地适应数字金融创新带来的业务变化和管理需求。

（四）企业面临的挑战与应对策略

1. 数字化转型的难度与阻力

企业在数字金融创新中进行数字化转型时，可能面临内外部的阻力。员工对新技术的接受程度、传统业务模式的改变、内部系统的升级等都可能成为阻碍数字化转型的难点。应对策略包括加强员工培训、建立变革文化，以及逐步推进数字化项目等。

2. 信息安全与隐私保护

随着数字金融的发展，企业面临着更加严峻的信息安全和隐私保护问题。数字支付、在线融资等活动涉及大量敏感信息，一旦泄露将带来重大风险。因此，企业需要加强信息安全管理，采用先进的加密技术和隐私保护措施，以确保客户和企业信息的安全。

3. 监管政策的不确定性

数字金融行业的发展常伴随着监管政策的不确定性。由于数字金融创新涉及新兴技术和新型业务，相关监管法规可能滞后于技术发展，导致法规适应性不足。企业需要密切关注监管政策的变化，与监管机构保持沟通，积极配合政策的实施，以确保企业的合规运营。

4. 数字鸿沟与用户接受度

在某些地区，数字金融的推广可能会受到数字鸿沟的限制，这意味着在数字技术应用上存在社会和地理差异。一些用户可能缺乏数字技能，无法充分享受数字金融带来的便利。企业在推广数字金融服务时，需要考虑不同用户群体的接受度和使用习惯，并采取相应的普及措施，以确保服务覆盖面的扩大。

5. 技术风险与创新压力

数字金融领域的技术变革日新月异，企业可能面临技术更新换代的压力。同时，数字金融创新也带来了新的技术风险，例如区块链的安全性风险和智能合约的可靠性风险等。企业需要对新技术保持敏感，不断进行技术研发和创新，以适应行业的快速发展。

6. 竞争压力与合作共赢

数字金融创新使得市场竞争更加激烈，企业需要应对来自同行业和新进入者的挑战。同时，数字金融也为企业提供了更多的合作机会。企业可以选择与数字金融平台、科技公司、金融机构等建立战略合作关系，实现合作共赢，共同推动行业的发展。

（五）结论与展望

数字金融创新对企业产生的深远影响体现在多个方面，包括业务流程优化、融资渠道拓展、风险管理提升、员工工作方式变革以及市场竞争格局的重塑。企业对数字金融创新的响应在很大程度上决定了其在数字经济时代的竞争力和可持续发展能力。

随着数字金融的不断发展，企业需要持续调整战略，提升数字化水平，同时应对数字化转型中的各种挑战。监管政策、信息安全、技术风险、数字鸿沟等问题都需要企业认真应对，以确保数字金融的创新在企业内部能够顺利实施，并带来实质性的效益。

未来，随着技术的不断发展和市场环境的演变，数字金融创新将持续深化。企业应保持敏锐，及时了解并采纳新兴的数字金融技术，更好地运用数字金融创新来提升自身的竞争力。同时，企业还需重视社会责任，确保数字金融的发展不仅为企业带来利益，也能为社会和环境做出积极贡献。

综上所述，数字金融创新不仅是企业在数字经济时代中适应变革的必由之路，也是推动企业可持续发展的重要引擎。企业应在数字金融的浪潮中灵活应对，不断实现创新和升级，以迎接未来数字经济的挑战和机遇。

第三节　数字金融影响绿色创新投资效率的传导机理

一、数字金融影响绿色创新投资效率的传导途径

随着数字金融的崛起和绿色创新投资的日益受到关注，两者之间的关系愈加密切。作为金融科技的代表，数字金融通过技术手段提供更高效、便捷的金

融服务，对绿色创新投资的效率产生了深远的影响。这里将探讨数字金融如何影响绿色创新投资效率，从多个层面分析传导途径，深入剖析数字金融在推动绿色创新投资方面的作用。

（一）数字金融提升绿色创新投资效率的基础

1. 资金流动性的提升

数字金融通过创新的支付和结算工具，提升了资金的流动性。在绿色创新投资中，资金的及时流转尤为关键。数字金融的支付工具使得投资者能够更迅速地完成投资和融资交易，加快了项目启动和运作的速度，减少了项目资金的滞留时间，提升了整体效率。

2. 融资渠道的多元化

数字金融为绿色创新项目提供了多样化的融资渠道。传统的融资方式常常受到地域和行业的限制，而数字金融通过众筹、数字货币融资、区块链债券等新型工具，使资金更容易跨越地域限制，为更多项目提供融资机会。这种多样化的融资渠道使投资者能够更灵活地选择最适合的资金来源，提升了绿色创新投资的灵活性和效率。

3. 智能合约的运用

数字金融引入智能合约技术，通过自动化的合约执行过程，提高了合约履行的效率。在绿色创新投资中，各方之间的合约关系复杂，传统的合约执行需要耗费大量的人力和时间。智能合约通过区块链等技术，实现了自动执行、透明可追溯的合约，减少了合约履行的不确定性，提高了合约履行效率。

（二）数字金融对绿色创新投资决策的影响

1. 数据驱动的决策支持

数字金融平台通过大数据分析技术，为投资者提供更全面、准确的数据支持。

在绿色创新投资决策中，投资者需要考虑项目的环境影响、技术可行性、市场潜力等多个方面的因素。数字金融通过收集和分析大量数据，为投资者提供更全面的信息，降低信息不对称的问题，使投资者能够更科学地进行投资决策，提高决策的精准性。

2. 风险评估工具的优化

数字金融平台通过引入先进的风险评估工具，帮助投资者更全面地了解项目的风险状况。在绿色创新领域，项目可能面临环境政策变化、技术风险、市场不确定性等多方面的风险。数字金融通过大数据分析、人工智能等技术，更准确地评估项目的风险水平，为投资者提供更可靠的风险信息，帮助他们制定更科学的投资策略。

（三）数字金融促进绿色创新投资的全球化发展

1. 跨境支付的便利化

数字金融改善了跨境支付的便利性，为绿色创新投资的全球化提供了支持。投资者可以更轻松地进行跨境资金转移，从而降低了国际投资的交易成本和时间成本。这促使投资者更愿意参与国际绿色创新项目，推动了全球范围内绿色创新投资的发展。

2. 全球数字金融平台的整合

数字金融的全球化发展使全球范围内的投资者能够通过同一平台参与绿色创新投资。全球数字金融平台的整合为投资者提供了更广泛的项目选择，也为绿色创新企业提供了更便捷的国际融资渠道。这种全球化的整合推动了绿色创新投资的国际化发展。

3. 数字货币的应用

数字金融中的数字货币技术为国际绿色创新投资提供了新的支付工具。数字货币具有去中心化和实时清算的特点，使国际绿色创新投资的支付更加高效和安全。数字货币的应用还能降低跨境交易中的货币转换成本，提高国际绿色创新投资的效率。

4. 国际绿色创新投资的信息透明度提升

数字金融平台通过区块链等技术实现了信息的不可篡改和透明化。在国际绿色创新投资中，信息透明度是投资者关注的重要因素之一。数字金融的区块链技术确保了交易信息的真实性和透明度，降低了信息不对称的问题，提高了国际绿色创新投资的可信度，并促进了投资者的参与。

（四）未来发展方向与建议

1. 提升数字金融平台安全性

为了提高绿色创新投资的效率，数字金融平台应加强安全性建设。通过采用先进的加密技术和多层次的身份验证机制等手段，确保用户数据和资金的安全。同时，数字金融平台应与国际安全标准和监管机构合作，建立全球化的数字金融安全标准，以提升整个行业的安全水平。

2. 加强国际合作与信息共享

数字金融在国际绿色创新投资中发挥着连接全球的作用，因此国际合作与信息共享至关重要。各国政府和监管机构应加强合作，共同制定数字金融的国际规范和标准，促进信息的跨境流动与共享。这将有助于降低监管不确定性，推动全球绿色创新投资的合作与发展。

3. 普及数字金融知识与培训

为了解决数字鸿沟问题，需要加强数字金融知识的普及和培训。政府和企业可以通过举办培训课程、开展宣传活动等方式，提升公众和企业对数字金融的了解和接受程度。这有助于扩大数字金融的用户群体，使更多人能够从中受益。

4. 促进数字金融技术创新

为了更好地满足绿色创新投资的需求，数字金融平台需要不断推动技术创新。通过投入研发资源，促进区块链、人工智能、大数据等前沿技术在数字金融领域的应用，以提升数字金融的技术水平，满足投资者对高效、安全、智能金融服务的需求。

数字金融对绿色创新投资效率的传导途径涵盖了多个方面，从资金流动性的提升到投资决策的数据驱动支持，再到全球化发展的推动。尽管数字金融在促进绿色创新投资方面取得了显著成就，但仍面临一系列挑战。在未来的发展中，需要不断加强数字金融平台的安全性，强化国际合作与信息共享，普及数字金融知识与培训，同时促进数字金融技术创新，以更好地满足绿色创新投资的需求。

一、数字金融与绿色创新投资效率的相互适应机制

数字金融和绿色创新投资作为当今经济发展的两大亮点，它们之间的相互关系对于推动可持续发展至关重要。数字金融通过技术创新提升了金融服务的效率，而绿色创新投资则致力于推动环保和可持续发展。这里将深入研究数字金融与绿色创新投资效率之间的相互适应机制，探讨它们如何相互促进、相互影响并共同发展。

（一）绿色创新投资对数字金融的需求驱动

1. 融资渠道多元化的需求

绿色创新项目通常需要大量的资金支持，而传统的融资渠道可能无法满足其需求。数字金融平台通过众筹、数字货币融资等方式，为绿色创新项目提供了更加多元化的融资渠道。绿色创新投资者借助数字金融平台，能够更灵活地选择适合项目的融资方式，从而提高融资效率。

2. 全球化投资的需求

绿色创新通常具有全球性的影响，因此能够吸引来自世界各地的投资。数字金融通过跨境支付、全球数字金融平台的整合等方式，使得全球范围内的投资者更容易参与绿色创新项目。这满足了绿色创新投资者对全球化融资的需求，提升了国际合作与投资的效率。

3. 与可持续发展理念的契合

绿色创新投资通常与可持续发展理念紧密相连，而数字金融平台也往往注重可持续发展的理念。这种契合推动了数字金融平台更加关注和支持绿色创新项目，为这些项目提供更为专业、可持续的金融服务，提升了绿色创新投资的效率。

（二）相互适应机制的挑战与解决方案

1. 数字金融平台的安全与隐私问题

随着数字金融与绿色创新投资的结合，数字金融平台面临更多的安全与隐私问题。投资者对其投资信息的隐私保护和数字金融平台的安全性提出了更高的要求。解决方案包括加强数字金融平台的安全防护措施，采用先进的加密技术和多层次的身份验证等手段，确保用户的数据和资金安全。此外，还需制定更加完善的隐私保护法规和政策，明确数字金融平台在用户信息处理和存储方面的责任与义务，从而提升用户对数字金融平台的信任。

2. 监管政策的协同与统一

数字金融和绿色创新投资涉及不同领域和国家，其监管政策的协同与统一是亟待解决的问题。不同国家对数字金融和绿色创新的监管政策存在差异，这可能会影响跨境投资的流动和效率。解决方案包括推动各国监管机构更加紧密合作，制定更统一的国际监管标准，以确保数字金融和绿色创新投资在全球范围内更加顺畅地进行。

3. 数字鸿沟的缩小

数字鸿沟依然是阻碍数字金融与绿色创新投资相互适应的问题。在一些地区，企业和个人可能因数字技能或基础设施的限制而难以充分利用数字金融服务。解决方案包括加强数字技能的培训与普及，推动数字金融平台提供更加友好和易用的界面，以降低数字鸿沟对投资者和企业的影响。

4. 投资者风险意识的培养

数字金融和绿色创新投资涉及新型的金融工具和复杂的项目，投资者需要具备更高水平的风险意识。解决方案包括加强对投资者的教育和培训，提高他们对数字金融和绿色创新项目风险的识别和评估能力。数字金融平台和绿色创新投资机构也应当加强对投资者的风险提示和指导。

（三）未来发展方向与建议

1. 加强数字金融与绿色创新投资合作

未来，数字金融和绿色创新投资应加强合作，建立更加紧密的伙伴关系。数字金融平台可以与绿色创新项目方、政府机构、国际组织等建立战略合作关系，共同推动数字金融技术在绿色创新投资中的应用。同时，数字金融平台还可以提供更加个性化的金融服务，以满足不同绿色创新项目的融资需求。

2. 推动数字金融国际标准的建立

为了促进数字金融与绿色创新投资的全球发展，需要推动数字金融国际标准的建立。各国政府、国际组织和金融行业应共同努力，制定统一的数字金融国际标准，规范数字金融平台的运作，提升其透明度和可信度。这将有助于降低投资者的风险，促使更多资金流向绿色创新领域。

3. 推动数字技术与环保领域的深度融合

数字技术与环保领域的深度融合将是未来的发展趋势。数字金融平台可以积极推动区块链、人工智能、大数据等技术在环保和绿色创新领域的应用。在数字技术的支持下，可以更好地监测环境数据、提升资源利用效率，推动绿色创新项目的可持续发展。

4. 积极履行社会责任

数字金融平台作为金融服务的提供者，应更加积极地履行社会责任。在支持绿色创新投资时，数字金融平台应关注项目的社会和环境效益，遵循可持续发展原则，确保资金的合理使用，促进社会和环境的共同受益。

数字金融与绿色创新投资之间的相互适应机制是推动可持续发展的重要动力。通过数字金融技术的支持，绿色创新投资得以更高效地进行融资、决策和推进。然而，在相互适应过程中仍存在一些需要克服的挑战，如安全与隐私问题、监管政策的协调及数字鸿沟等。为了促使数字金融与绿色创新投资更好地相互适应，需要各方共同努力，制定更完善的法规政策，提升投资者的风险意识，推动数字技术与环保领域的深度融合。

在未来的发展中，数字金融和绿色创新投资应以可持续发展为导向，建立更加紧密的伙伴关系，共同推动环境友好、具有社会责任的投资项目。数字金融平台不仅应提供高效便捷的金融服务，更要注重社会责任，积极参与可持续发展的进程，通过创新的金融工具，为绿色创新提供更多支持。

总体而言，数字金融与绿色创新投资的相互适应机制不仅有助于推动绿色经济的发展，也为数字经济提供了更为广阔的应用场景。随着技术的不断进步和全球可持续发展目标的深入推进，数字金融与绿色创新投资的合作将成为经济可持续发展的关键支撑。通过协同努力，数字金融和绿色创新投资有望共同塑造一个更加繁荣、环保且对社会负责的未来。

第六章　数字金融对绿色创新投资效率的影响

第一节　绿色信贷政策对企业投资效率的影响

一、我国绿色信贷政策的主要内容与实施情况

绿色信贷政策作为可持续金融的一部分，在全球范围内得到了广泛关注。中国作为全球最大的发展中国家，其绿色信贷政策在促进环保和可持续发展方面发挥着重要作用。这里将深入探讨中国绿色信贷政策的主要内容及其实施情况。

（一）中国绿色信贷政策的背景

1. 可持续发展的需求

近年来，随着环境污染、资源短缺和气候变化等全球性环境问题的日益显现，中国政府愈加重视可持续发展。作为全球最大的碳排放国，中国在实现经济增长的同时，也意识到必须采取有效措施来应对环境问题。

2. 绿色金融的崛起

绿色金融作为可持续金融的重要组成部分，通过引导资金流向环保和低碳领域，促进可持续发展。绿色信贷是其中的重要手段，金融机构通过向符合环保标准的项目提供贷款支持，推动绿色产业的发展。

（二）中国绿色信贷政策的主要内容

1. 定义绿色信贷对象

中国的绿色信贷政策首先明确了绿色信贷的对象，通常包括符合环保、低碳、可再生能源、资源循环利用等标准的项目。这些项目可能涉及清洁能源、节能减排、环保科技等领域。

2. 制定绿色信贷标准

为了确保绿色信贷的有效实施，中国政府通过金融监管机构制定了一系列绿色信贷标准。这些标准不仅涵盖了环保和低碳的技术标准，还可能涉及项目的社会责任和可持续性标准。标准的制定有助于明确绿色信贷的范围和要求，提高资金使用的效益。

3. 提供贷款利率和贷款额度优惠

为鼓励金融机构支持绿色项目，中国政府通常采取提供优惠贷款利率和贷款额度的方式。这些优惠政策可以通过降低贷款利率、提高贷款额度或提供贷款担保等方式实施，以降低绿色项目的融资成本，促进项目发展。

4. 引导金融机构设立绿色信贷业务部门

中国政府鼓励金融机构设立专门的绿色信贷业务部门，以更好地满足绿色项目的融资需求。对金融机构的引导还包括要求银行制定绿色信贷发展计划、设立绿色信贷产品等，以提高对环保产业的金融支持。

5. 建立绿色信贷评价体系

为了确保绿色信贷项目的真实性和可行性，中国政府通常会建立相应的评价体系。这包括对项目的环境影响、社会效益和可持续性等方面进行评估，以确保项目符合绿色信贷标准。

6. 推动金融科技在绿色信贷中的应用

随着金融科技的发展，中国政府鼓励金融机构在绿色信贷中应用技术手段，以提高信贷的智能化程度和精准度。这可能包括大数据、人工智能、区块链等技术的应用，以增强对绿色项目的风险评估和监测能力。

（三）中国绿色信贷政策的实施情况

1. 贷款规模逐年增长

中国绿色信贷政策的实施取得了显著成就，其中贷款规模的逐年增长是一个明显的亮点。中国政府通过各种政策引导，推动金融机构加大对绿色项目的信贷支持。数据显示，近年来绿色信贷规模稳步增加，为环保和可持续发展提供了强有力的资金支持。

2. 金融机构积极响应

中国的商业银行、开发性金融机构等金融机构纷纷响应政府的号召，积极参与绿色信贷业务。许多银行设立了专门的绿色信贷部门，制定了绿色信贷业务计划，推出了相应的绿色信贷产品。这些金融机构通过提供差异化的金融产品和服务，不仅满足了企业的融资需求，也推动了环保产业的健康发展。

3. 金融产品和服务逐步创新

随着金融科技的快速发展，中国金融机构在绿色信贷领域推出了一系列创新的金融产品和服务。这包括基于区块链技术推出的绿色信贷平台、智能合约等。这些创新不仅提升了金融机构的运营效率，也为绿色信贷的发展注入了新的动力。

4. 绿色信贷评价体系建立

中国政府在推动绿色信贷发展的同时，也加强了对项目的评估和监管。建立了相应的绿色信贷评价体系，包括对项目环境和社会效益的综合评估。这有助于确保绿色信贷资金投向真正符合环保标准的项目，提升了整个信贷体系的可持续性。

5. 国际合作与信息披露

中国在绿色信贷领域积极开展国际合作，与国际金融组织及其他国家的金融机构建立了合作关系。这有助于吸引更多国际资金参与中国的绿色项目，推动全球绿色金融的共同发展。同时，中国的金融机构在信息披露方面更加透明，向社会公开绿色信贷项目的相关信息，增强了社会监督和公众参与。

6. 政策调整和优化

为适应绿色金融的发展需求，中国政府不断调整和优化绿色信贷政策，包括对贷款利率和贷款额度优惠政策的持续调整，以更好地激励金融机构支持环保和可持续项目。政府还不断完善相关法规体系，加强对金融机构的监管，提高整个绿色信贷市场的规范性和可持续性。

（四）中国绿色信贷政策的影响与挑战

1. 影响

环保产业发展推动：绿色信贷政策的实施促进了中国环保产业的发展。大量资金流入清洁能源、节能减排和环境保护等领域，推动了相关产业链的健康发展。

金融机构转型升级：为了适应绿色信贷政策，中国的金融机构进行了转型升级，建立了专门的绿色信贷业务部门，推动了金融业的创新与发展。

社会环保意识提升：绿色信贷政策的实施有助于提升社会对环保的关注和认知。公众更加关注和支持符合绿色标准的项目，推动了社会环保意识的提升。

2. 挑战

信息不对称和评估难题：由于绿色项目通常涉及多领域的知识，金融机构在评估项目时可能面临信息不对称和评估困难，导致风险难以被准确掌握。

市场竞争与不良资产风险：随着绿色信贷市场的扩大，金融机构之间的竞争加剧，可能导致一些机构为了争取业务而放松风险控制，从而增加不良资产的风险。特别是在环保技术仍处于不断创新的发展阶段，一些项目可能面临技术不成熟、市场不确定等问题，这增加了违约的风险。

政策和法规的不断调整：随着环保政策和法规的不断调整，金融机构可能需要不断适应新的环保标准和监管要求，这可能会增加运营的不确定性和成本。

融资需求与供给的不匹配：在某些地区和领域，绿色信贷的融资需求与供给之间存在不匹配的现象。一方面，一些环保项目可能由于缺乏足够的市场吸引力而难以获得金融机构的支持。另一方面，金融机构可能更倾向于投资回报较高的传统行业，从而对环保项目的支持不足。

技术和信息不对称：部分金融机构可能缺乏对绿色项目技术和环保标准的深入了解，导致在评估和选择绿色项目时存在一定的盲区。这使得一些有潜力的绿色项目难以获得融资支持。

中国绿色信贷政策在推动环保和可持续发展方面取得了显著成就，但也面临一些挑战。通过加强技术支持、完善标准和评价体系、推动金融科技创新、引导社会资本参与等手段，可以进一步促进绿色信贷的发展。同时，政府应加强监管力度，确保绿色信贷的可持续性和合规性。随着全球环保意识的提升和国际合作的深化，中国的绿色信贷有望在全球可持续金融领域发挥更加积极的作用。

二、企业对绿色信贷政策的投资效果评估

绿色信贷政策是许多国家推动环保和可持续发展的一项重要举措。企业作为社会的重要组成部分，其对绿色信贷政策的投资效果评估不仅关系到企业自身的可持续发展，也对环境和社会产生深远的影响。这里将对企业在绿色信贷政策下的投资效果进行综合评估，分析其影响因素、盈利模式、社会责任履行等方面的情况，为企业和政府提供有益的参考。

（一）绿色信贷政策的背景

1. 绿色信贷政策的制定目的

绿色信贷政策的制定旨在通过金融工具的引导，促使企业更加注重环境友好、低碳和可持续的发展路径。政府希望通过金融手段，鼓励企业投资清洁能源、节能减排、循环经济等绿色产业，推动经济向更加可持续的方向发展。

2. 企业对绿色信贷政策的积极参与

企业作为经济活动的主体，积极参与绿色信贷政策既符合社会责任的要求，也为自身带来了机遇。通过参与绿色信贷，企业不仅可以获得低成本的融资支持，还能提升企业形象，拓展市场份额，并顺应全球环保趋势，更好地适应未来市场的发展。

（二）影响绿色信贷效果的因素

1. 政府政策与支持程度

绿色信贷政策的实施效果直接受到政府政策的影响。政府对环保产业的支持力度、相关税收政策、补贴政策等都会影响企业在绿色领域的投资决策。

2. 企业自身环保意识和责任感

企业对环保的关注程度和责任感是影响其参与绿色信贷的重要因素。那些

将环保作为核心价值观，并在业务决策中考虑环保因素的企业更有可能积极参与绿色信贷，并将资金用于环保项目。

3. 绿色技术的成熟度和可行性

绿色信贷通常涉及环保技术的应用，因此技术的成熟度和可行性直接关系到企业在项目实施中的成败。先进且可行的绿色技术将提高企业在环保领域的投资吸引力。

4. 金融机构的绿色信贷产品和服务

金融机构作为绿色信贷政策的执行主体，其推出的绿色信贷产品和服务的质量与便利性，将直接影响企业的投资决策。较为灵活、创新的金融产品更有可能吸引企业参与。

（三）绿色信贷的盈利模式

1. 低成本融资

企业通过参与绿色信贷可以获得相对低成本的融资支持。由于政府通常通过贷款利率优惠和贷款担保等方式激励企业投资绿色项目，企业可以更容易地获得资金支持，降低融资成本。

2. 提升环保形象

参与绿色信贷的企业往往能够更好地树立环保形象，这对于企业在社会中赢得良好声誉和提升品牌价值具有积极作用。一些消费者更倾向于选择注重环保的产品和服务，因此提升环保形象可能带来市场份额的增加。

3. 拓展市场机会

绿色信贷投资通常涉及环保产业，而这一领域在全球范围内正逐渐崭露头角。企业通过参与绿色信贷，不仅能够满足社会对环保的需求，还可以抢占市场先机，拓展新的市场机会。

（四）绿色信贷对企业社会责任履行的影响

1. 推动企业可持续发展

通过参与绿色信贷，企业将更多地投资于环保和可持续发展项目，实现经济效益与社会责任的双赢。这有助于企业自身的可持续发展战略，更好地适应未来市场的需求。

2. 提升企业社会形象

绿色信贷的参与使企业能够在社会层面展现责任感，体现其对环境和社会的关注。这有助于提升企业在公众心目中的社会形象，增加企业在社会责任方面的认可度。企业通过积极参与绿色信贷，展示出对环保事业的积极态度，使其在公众中建立起良好的声誉。

3. 符合法规要求

随着社会对环境保护的关注不断增加，政府在法规层面对企业的环保责任提出了更高的要求。参与绿色信贷使企业更容易达到或超越相关法规和标准，降低了面临法律风险的可能性。

4. 引领行业标准

积极参与绿色信贷的企业有望成为行业内的标杆，引领行业的可持续发展方向。这不仅有助于企业在竞争中取得优势，还为整个行业树立了良好的榜样，推动整个产业向更加环保的方向发展。

（五）绿色信贷政策投资效果的评估

1. 成功案例分析

通过对一些企业成功案例的分析，可以更好地评估绿色信贷政策的投资效果。例如，一些领先的清洁能源公司通过参与绿色信贷，成功推动了其在可再生能源领域的项目，实现了经济效益和社会效益的双赢。这些企业在减排、创新技术应用和社会形象塑造等方面都取得了显著成就。

2. 财务绩效评估

企业可以评估绿色信贷项目的财务绩效，包括投资回报率、利润增长和成本降低等方面。通过对比绿色信贷与传统融资的财务绩效数据，企业能够更清晰地看到绿色信贷对其财务状况的影响。

3. 社会影响评估

除了财务绩效，企业还需要关注其在社会层面的影响。例如，参与绿色信贷的企业是否在环境保护、社会责任履行等方面发挥了积极作用，是否获得了公众的认可。这些都是衡量绿色信贷政策投资效果的重要标准。

4. 可持续性评估

绿色信贷投资效果的评估还需要考虑项目的可持续性。企业需要审慎评估绿色项目的长期效益，包括项目在其生命周期内对环境的影响以及未来市场发展趋势等因素，以确保投资能够在长期内保持稳定的收益。

5. 风险与不确定性评估

企业在评估绿色信贷政策的投资效果时，还需要考虑项目面临的风险和不确定性，包括技术风险、市场风险、政策风险等。企业应针对这些风险制定相应的风险管理策略，以确保项目能够顺利推进。

企业对绿色信贷政策的投资效果评估需要从财务绩效、社会责任履行、可持续性、风险与不确定性等多个维度进行考量。成功案例分析、财务绩效评估、社会影响评估等方法有助于企业更全面地了解投资效果。同时，企业需要持续优化战略规划，加强内外部合作，确保投资在长期内能够保持稳定的收益，并为可持续发展做出积极贡献。

三、绿色信贷政策对数字金融的引导作用与前景展望

随着全球环境问题的日益突出和数字技术的快速发展，绿色信贷政策与数字金融的结合成为推动可持续发展的新动力。这里将深入探讨绿色信贷政策对数字金融的引导作用，并展望这种结合可能带来的前景。

（一）绿色信贷政策的背景

1. 可持续发展的迫切需求

全球气候变化和环境污染等问题使可持续发展成为当今社会的迫切需求。为了推动企业向环保、低碳方向转型，各国政府纷纷制定绿色信贷政策，以引导金融资源投向可持续和环保领域。

2. 数字金融的崛起

数字金融，作为金融领域的创新方向，以技术驱动和便捷高效的特点，改变了传统金融的业务模式。区块链、大数据和人工智能等技术的应用，使得金融服务更加智能化和创新性。

（二）绿色信贷政策对数字金融的引导作用

1. 促进绿色项目数字化

绿色信贷政策可以通过政策优惠促使金融机构投资数字化绿色项目，推动环保项目在数字领域的创新应用。数字技术的引入有助于提升绿色项目的监测、评估和管理效率，降低运营成本，提升整体可持续性。

2. 创新数字金融产品与服务

绿色信贷政策鼓励金融机构创新数字金融产品和服务，以更好地满足环保产业的融资需求。例如，通过发行绿色债券、建设绿色信托基金等金融工具，吸引更多资金流入环保领域。

3. 数据驱动的绿色信贷决策

数字金融可以通过大数据和人工智能技术，为金融机构提供更全面、准确的环保项目评估数据。这有助于降低信息不对称，提升金融机构对绿色项目信贷决策的精准度。

4. 区块链技术的应用

区块链技术因其去中心化、透明和不可篡改的特性，成为推动绿色信贷领域透明度和可信度的重要工具。通过区块链技术，可以实现对环保项目的全过程跟踪，确保融资资金的有效使用。

5. 引导数字金融机构进行绿色投资

绿色信贷政策可以通过制定激励措施，引导数字金融机构更积极地参与绿色投资。这包括为数字金融机构提供税收优惠、降低融资成本等方式，鼓励它们更多地投入可持续项目和环保项目。

（三）绿色信贷与数字金融的融合带来的机遇

1. 提升融资效率

数字金融的引入可以提升绿色信贷的融资效率。通过数字化流程，可以加快环保项目的融资审批过程，降低融资成本，提升融资效率。

2. 拓宽融资渠道

绿色信贷与数字金融的结合有助于拓宽绿色项目的融资渠道。数字金融平台能够吸引更多投资者参与绿色项目，形成多元化的融资来源，从而降低对传统金融机构的依赖。

3. 风险管理能力

数字金融技术的应用可以提升绿色信贷的风险管理能力。通过大数据分析，金融机构能够更准确地评估环保项目的风险，制定更科学的风险管理策略，从而提高整体投资的可持续性。

4. 促进金融创新

绿色信贷与数字金融的结合推动了金融业务模式的创新。金融科技公司可以借助先进的技术手段，提供更灵活、个性化的绿色金融产品，满足不同客户的需求，推动金融业务的创新与发展。

（四）面临的挑战与应对策略

1. 数据隐私与安全问题

数字金融涉及大量用户数据，隐私和安全问题是一个重要挑战。在绿色信贷中，需要建立健全的数据隐私保护机制，确保环保项目数据的安全性，防范数据泄露和滥用风险。应采用先进的加密技术和隐私保护方案，加强对数字金融平台的监管，确保用户数据的合法使用。

2. 技术标准与互操作性

绿色信贷与数字金融的结合需要面对不同技术标准和系统之间的互操作性问题。为了促进数字金融和绿色信贷的协同发展，需要建立统一的技术标准，以提升不同系统之间的互操作性。政府可以推动相关标准的制定，促使行业形成更加统一的技术体系。

3. 技术投入与成本

数字金融技术的引入需要大量技术投入，这可能成为一些金融机构参与绿色信贷的制约因素。政府可以通过提供技术支持、奖励政策等方式，鼓励金融机构加大技术投入，推动数字金融与绿色信贷的深度融合。

4. 环保项目不确定性

绿色信贷的环保项目往往面临不确定性，包括技术不成熟和市场变化等因素。数字金融机构需要更精准的数据来评估和管理这些不确定性。在政策层面，可以通过提供政策支持，降低环保项目的不确定性，从而增强数字金融机构这些项目的信心。

（五）未来展望与发展路径

1. 增强数字金融技术在绿色信贷中的应用

未来，随着数字金融技术的不断发展，区块链和人工智能等更多先进技术将在绿色信贷中得到更广泛的应用。区块链的透明性和不可篡改性有助于提升项目信息的可信度；人工智能的智能化分析则有助于更准确地评估环保项目的可行性。

2. 推动数字金融与绿色信贷的国际合作

全球环保问题是一个共同的挑战，数字金融与绿色信贷的结合也应当走向国际化。各国可以加强合作，共同制定标准，推动数字金融在全球范围内与绿色信贷的深度融合，促进全球可持续发展。

3. 引导金融机构更加积极参与

政府可以通过激励政策，包括提供更多的税收优惠和降低融资成本，引导金融机构更积极地参与绿色信贷。建立更加完善的激励机制，使金融机构在可持续投资中获得更多回报。

4. 加强监管与政策支持

为确保数字金融与绿色信贷的健康发展，政府需要加强监管，规范数字金融平台的运营行为，以防范金融风险。同时，应制定更有力的政策，为数字金融机构提供更大的政策红利，鼓励其更多地投入可持续发展领域。

5. 加大对人才培养的支持

数字金融与绿色信贷的融合需要专业人才的支持。政府可以加大对相关领域人才培养的支持力度，建立更为完善的培训机制，培养更多精通数字金融和环保领域知识的人才。

绿色信贷政策与数字金融的结合为推动可持续发展提供了新的机遇。通过引入数字技术，可以提升绿色项目的融资效率、降低运营成本、提升整体可持续性。然而，这一结合也面临着一系列挑战，需要政府、金融机构、科技企业等多方合作，制定切实可行的政策和技术标准，推动数字金融与绿色信贷的深度融合，为建设更加环保、可持续的未来奠定基础。

第二节　绿色技术创新对新能源企业投资效率的影响

一、数字金融如何促进新能源企业绿色技术创新

新能源产业作为应对气候变化和保障能源安全的重要手段，越来越受到国际社会的关注。在新能源领域，绿色技术创新是推动可持续发展的关键因素之一。数字金融作为金融业的创新形式，具有高效、便捷、智能等特点，对新能源企业的绿色技术创新起到了积极作用。这里将探讨数字金融如何促进新能源企业的绿色技术创新，并对未来发展进行展望。

（一）数字金融背景与新能源发展

新能源包括风能、太阳能、地热能等，是替代传统化石能源的可再生能源，具有环保和可持续等特点。在全球范围内，新能源发展取得了显著进展，但仍面临技术创新和市场推广的挑战。

（二）数字金融促进新能源企业绿色技术创新的机制

1. 融资更加便利

数字金融平台为新能源企业提供了更加便利和灵活的融资渠道。通过数字金融工具，企业可以更容易地获得融资支持，从而推动新能源技术的研发和应用。例如，通过众筹平台，企业能够吸引更广泛的投资者，为项目提供资金支持。

2. 驱动研发决策

数字金融利用大数据技术，能够从海量数据中提取有价值的信息。对于新能源企业而言，这意味着可以进行更精准的市场分析、用户需求预测，以及确定技术研发方向。通过大数据分析，企业可以更有针对性地开展研发，提升技术创新的成功率。

3. 提升企业可信度

区块链技术具有去中心化、透明和不可篡改的特点，可以提升新能源企业在绿色技术创新中的可信度。通过在绿色能源溯源、智能合约等方面提供支持，区块链技术的应用有望加速新能源技术的落地和推广。

4. 促进合作

数字金融中的智能合约是一种自动执行合同条款的技术，它能够在确保安全的情况下自动化地执行合作协议。在新能源领域，智能合约可以促进企业之间的合作，尤其是在技术创新和项目推进方面。通过智能合约，企业能够更加高效地实现技术共享与资源整合，推动绿色技术的创新与应用。

5. 降低风险

数字金融为新能源企业提供了更多的金融衍生工具，如期货、期权等，帮助企业降低市场波动带来的风险。通过对冲和风险管理，企业可以更加安心地进行长期的绿色技术创新项目，吸引更多资金参与。

（三）数字金融在新能源企业绿色技术创新中的应用案例分析

1. 区块链在能源交易中的应用

以太坊区块链技术被广泛应用于能源交易领域，利用区块链的透明性和去中心化特性，能够提升能源交易行为的可追溯性和可信任性。这为新能源企业提供了更高效、安全的能源交易平台，推动了清洁能源的发展。

2. 大数据分析在风电场运维中的应用

风电场作为新能源的代表之一，面临着复杂的运维管理问题。某数字金融公司通过大数据分析技术，实时监测风电场的运行状态，精准预测设备故障，提升了运维效率,降低了运营成本。这为新能源领域的技术创新提供了有力支持。

3. 智能合约在光伏发电项目中的应用

在某光伏发电项目中，数字金融平台利用智能合约技术，实现了项目收益的自动分配和结算。通过智能合约，项目方和投资方之间的资金流转更加透明，减少了因信息不对称而引起的纠纷，提升了投资者对项目的信任度。这种智能合约的应用不仅提升了运营效率，还促进了新能源项目的可持续发展。

（四）数字金融推动新能源企业绿色技术创新的挑战与应对策略

1. 技术标准与互操作性

挑战：数字金融和新能源领域存在不同的技术标准，缺乏互操作性可能阻碍它们的有效结合。

应对策略：政府和行业协会可以促进相关标准的制定，推动数字金融与新能源技术的互联互通，提升系统的互操作性。

2. 数据隐私与安全问题

挑战：数字金融涉及大量用户和企业的敏感数据，因此数据隐私和安全问题是一个不可忽视的挑战。

应对策略：强化数字金融平台的数据安全措施，采用先进的加密技术和隐私保护方案，并遵循相关法规，确保用户和企业数据的隐私和安全。

3. 技术投入与成本

挑战：数字金融的引入需要企业进行一定的技术投入，而一些中小型新能源企业可能面临资金不足的问题。

应对策略：政府可以通过提供创新基金、税收减免等方式，鼓励企业加大技术投入，促进数字金融与新能源技术的融合。

4. 环境政策和监管不确定性

挑战：绿色技术创新需要长期的政策支持和稳定的监管环境，而一些国家的政策和监管存在不确定性。

应对策略：新能源企业可以积极参与政策制定过程，与政府和行业协会合作，争取更为稳定且有利于绿色技术创新的政策环境。

（五）未来展望与发展路径

1. 强化数字金融平台的绿色金融产品

未来，数字金融平台可以更加专注于设计和推出绿色金融产品，包括与新能源领域相关的融资工具、绿色债券、可持续投资基金等，以满足不同新能源企业的融资需求。

2. 拓展数字金融与新能源产业链的深度合作

数字金融不仅可以服务于新能源企业本身，还可以通过深度合作将业务对象拓展至整个新能源产业链。通过与电力公司、电网企业、能源设备制造商等产业链各环节参与方的合作，推动数字金融在新能源领域的全产业链应用。

3. 加强跨界合作促进技术创新

数字金融机构可以加强与科研机构、高校等的跨界合作，共同推动绿色技术的创新。通过建立联合研发平台、设立绿色技术创新基金等方式，促进数字金融与科技创新的有机结合。

4. 提升数字金融人才培养力度

数字金融与新能源技术的结合需要具备相关知识和技能的人才。政府和企业可以加大对数字金融人才培养的投入，建立相关培训体系，培养更多具备数字金融和新能源领域知识的专业人才。

5. 持续优化监管政策

政府应持续优化监管政策，建立更适应数字金融与新能源融合需求的监管体系。通过制定明确的政策指导，为新能源企业提供更多的政策支持，推动数字金融与新能源的协同发展。

数字金融作为金融业的新形态，为新能源企业的绿色技术创新提供了有力支持。通过融资、大数据分析、区块链技术和智能合约等手段，数字金融促进了新能源技术的研发和应用。然而，数字金融与新能源领域的结合仍面临一系列挑战，需要政府、企业和金融机构共同努力，制定切实可行的政策和技术标准，推动数字金融与新能源技术的深度融合，为建设更加清洁、可持续的能源未来奠定基础。

二、数字金融支持下新能源企业绿色技术创新的效果评估

随着全球对可持续发展和清洁能源的关注不断增加，新能源企业面临着更大的压力和机遇。数字金融的崛起为新能源企业提供了新的融资渠道和技术支持，助力其在绿色技术创新方面取得突破。这里将对数字金融支持下新能源企业在绿色技术创新方面效果进行全面评估。

（一）数字金融支持下的新能源企业融资效果

1. 融资渠道拓展

数字金融平台为新能源企业提供了多元化的融资渠道，包括众筹、数字银行、绿色债券等。通过这些渠道，新能源企业能够更灵活地获得资金支持，这有助于降低融资门槛，提高融资的便捷性。

2. 降低融资成本

相比传统金融模式，数字金融的运作更加高效，减少了信息不对称，降低了交易成本。新能源企业通过数字金融融资，可以享受更低的融资成本，从而提升企业的盈利空间。

3. 风险分散

数字金融平台上的投资者来自全球各地，因此通过数字金融，新能源企业能够实现风险的分散。这种分散有助于降低企业面临的财务风险，提高其在资金运作中的稳定性。

（二）数字金融对新能源企业技术创新的推动作用

1. 大数据支持精准研发

数字金融平台利用大数据分析技术，为新能源技术的研发提供了精准支持。通过分析市场需求、竞争对手及政策变化等方面的数据，企业能够更有针对性地开展技术研发，从而提高研发的成功率。

2. 区块链技术的应用促进透明合作

区块链技术的引入提升了新能源企业之间以及企业与投资者之间的合作透明度。智能合约的应用使合作协议更加自动化和更透明，有助于合作双方建立彼此信任关系，推动绿色技术的共同研发与应用。

3. 技术创新与数字金融平台合作的案例

通过数字金融平台，新能源企业与科技公司、研究机构等建立了更紧密的合作关系，推动技术创新。例如，某数字金融平台与新能源企业合作推出了可再生能源数字资产，吸引了更多投资者参与，促进了清洁能源技术的持续创新。

（三）绿色技术创新效果评估

1. 技术创新速度提升

在数字金融的支持下，新能源企业在绿色技术创新方面的速度明显提升。更便捷的融资渠道使企业能够更快速地投入研发项目，推动技术创新的迅速落地。

2. 研发投入增加

数字金融的融资效果使得新能源企业能够更大规模地投入研发项目。相较于传统融资方式，数字金融平台上的投资更加灵活，使企业能够更有信心地进行长期、高风险的技术研发。

3. 项目成功率提升

通过大数据分析和智能合约等技术手段，新能源企业能够更精准地制定研发计划，提升项目的成功率。数字金融平台的区块链技术应用，使合作关系更加透明，减少了因信息不对称而导致的项目失败风险。

（四）持续改进方向与未来展望

1. 风险管理与监管机制

随着数字金融与新能源技术的深度融合，风险管理和监管机制需要不断改进。应建立更为完善的数字金融风险管理体系，强化监管力度，以保护投资者和企业的权益。

2. 人才培养与技术普及

为了更好地推动绿色技术创新，需要加大人才培养力度。政府、企业和高校可以合作建立更为系统的培训计划，培养既精通数字金融又熟悉新能源技术的专业人才。

3. 拓展国际合作

数字金融与新能源技术创新的结合为国际合作提供了新的契机。新能源企业可以通过数字金融平台吸引国际投资者，加速国际市场的拓展。同时，与国外科研机构和技术公司的合作也有助于借鉴先进技术，推动绿色技术在全球范围内的共同发展。

4. 提升数字金融平台服务水平

数字金融平台作为支持新能源技术创新的关键力量，需要不断提升其服务水平。这包括但不限于提升平台的安全性、优化用户体验、加强与监管机构的合作等，以确保数字金融平台的稳健运行，从而更好地服务于新能源企业和投资者。

数字金融作为新能源技术创新的有力支持，通过拓宽融资渠道、提升融资效率、推动技术创新等方式，促进了新能源企业在绿色技术领域的创新与发展。数字金融的引入使得新能源企业能够更加灵活地应对市场变化，提升了其在全球竞争中的地位。然而，在数字金融的支持下，新能源企业的绿色技术创新仍然面临一系列挑战，需要各方共同努力，不断完善监管机制、加强人才培养、拓展国际合作，以更好地推动清洁能源技术的创新与应用。随着数字金融和新能源技术的不断发展，我们有理由相信，在双重驱动下，新能源将迎来更为广阔的发展前景，为全球提供更清洁、可持续的能源解决方案。

第三节　数字普惠金融对企业投资效率的影响

一、数字普惠金融在企业融资中的定位与特点

数字普惠金融是在数字化时代到来之际崭露头角的一种金融形式，其特点在于通过数字技术为更多企业提供更加便捷、普惠的融资服务。这里将探讨数字普惠金融在企业融资中的定位与特点，深入剖析其对企业融资生态的影响和推动作用。

（一）数字普惠金融的定义与产生的背景

1. 数字普惠金融概述

数字普惠金融是将数字技术与金融服务相结合，以低成本、高效率的方式为中小微企业提供全方位的金融服务。它通过互联网、大数据、人工智能等技术手段，打破了传统金融的时间和空间限制，为更多企业提供了融资渠道。

2. 背景与发展趋势

随着数字技术的飞速发展，传统金融模式逐渐难以适应企业多样化的融资需求。数字普惠金融的兴起得益于数字技术的广泛应用，这不仅提升了金融服务的普及度，还使更多企业能够享受到高效、便捷的融资服务。在数字化时代，数字普惠金融已成为推动企业融资生态升级的重要力量。

（二）数字普惠金融在企业融资中的定位

1. 服务中小微企业

数字普惠金融的首要定位是服务中小微企业，填补了传统金融在这一领域融资服务的不足。中小微企业通常面临融资难、融资贵的问题，数字普惠金融

通过数字化的方式，降低了企业融资的门槛，为中小微企业提供更加多元化和个性化的融资产品。

2. 普及金融知识

数字普惠金融的一个重要定位是普及金融知识。通过数字化平台向企业传递金融知识，可以提升企业对融资工具和市场的了解。这有助于提升企业主的金融素养，使他们能够更加理性地选择适合自身发展的融资方式。

3. 打破地域限制

数字普惠金融通过数字技术，打破了传统金融的地域限制。企业不再受制于地理位置，可以通过互联网平台获得全球范围内的融资机会。这种全球化的融资模式为企业提供了更广泛的选择空间。

（三）数字普惠金融在企业融资中的特点

1. 创新的融资产品

数字普惠金融注重通过技术手段创新融资产品，以满足企业多样化的融资需求。这些产品包括但不限于小额贷款、供应链金融、互联网金融工具等，更加贴近企业实际，满足了其短期、灵活和多层次的融资需求。

2. 大数据风控

数字普惠金融通过大数据分析构建风险评估模型，实现对企业信用的全面评估。相较于传统的信用评估方式，大数据风控更加全面、精准，能够为企业提供更符合实际风险状况的融资方案。

3. 弹性的融资模式

数字普惠金融为企业提供了更加灵活的融资模式。企业可以根据自身的经营状况选择不同的融资方案，如订单融资、账期融资等，更好地适应市场需求和经营变化。

4. 低成本、高效率

数字普惠金融利用数字化技术实现了融资过程的自动化，大大降低了融资成本。企业可以通过在线申请、电子签约等方式，极大地提高融资效率，缩短融资周期。

5. 引入区块链技术

一些数字普惠金融平台还引入了区块链技术，以提高融资交易的透明度和安全性。区块链技术的应用使得交易数据不可篡改，降低了企业在融资交易中的信任成本。

（四）数字普惠金融对企业融资生态的影响

1. 促进中小微企业发展

数字普惠金融的定位和特点使中小微企业能够更便捷地获得融资支持，从而推动其发展。这对于中小微企业而言尤为重要，因为它们通常面临着传统金融体系中的融资难、融资贵问题。数字普惠金融的普及为这些企业提供了更为灵活、个性化的融资工具，有助于它们更好地应对市场竞争和经营挑战。

2. 提升金融包容性

数字普惠金融通过创新融资产品和采用大数据风控技术，拓展了金融服务的覆盖面，提升了金融包容性。更多中小微企业能够融入数字普惠金融的生态系统，享受到先进的金融服务，从而推动金融体系整体的包容性提升。

3. 降低融资成本

数字普惠金融的低成本特点为企业融资提供了经济实惠的选择。相较于传统金融渠道，数字普惠金融通过数字化流程和自动化操作，有效降低了融资过程中的运营成本，使企业能够以更经济的方式获得所需资金。

4. 激发金融创新

数字普惠金融的创新性质推动了金融行业的发展，促使传统金融机构不断改革与创新。数字普惠金融平台的成功运作为金融业提供了新的思路与方法，推动整个行业向更开放、普惠、高效的方向发展。

（五）数字普惠金融的挑战与应对策略

1. 风险管理

尽管数字普惠金融通过大数据风控等手段降低了融资风险，但在数字环境下的安全风险仍然存在。平台需要加强信息安全保障，引入先进的防护技术，建立完善的风险管理体系，以确保企业和投资者的数据安全。

2. 金融监管

数字普惠金融领域的监管仍处于相对滞后的状态，需要建立更为健全的监管框架。相关政府部门应制定明确的数字金融监管政策，以防范潜在风险，保障金融市场的稳定运行。

3. 技术创新与人才培养

数字普惠金融需要不断进行技术创新，因此在人才培养方面也面临挑战。政府、企业和高校可以加强合作，培养具备金融和技术背景的专业人才，以推动数字普惠金融的可持续发展。

4. 用户隐私与权益

数字普惠金融涉及大量用户数据，因此用户隐私和权益保护是一个重要问题。平台需要制定明确的用户隐私政策，加强对用户数据的保护。同时，还需提升用户的知情权和选择权，确保其在数字金融交易中的合法权益。

（六）未来展望与发展路径

1. 深化金融科技应用

未来，数字普惠金融有望进一步深化金融科技的应用，引入更先进的技术手段，如人工智能、区块链等，以提升融资效率、降低成本，进一步拓展金融服务的广度和深度。

2. 加强国际合作

数字普惠金融具有显著的国际化特征，未来可以加强国际合作，推动数字普惠金融模式在全球范围内的共享与交流。通过国际合作，可以更好地吸收全球创新资源，促进数字普惠金融在不同国家和地区的可持续发展。

3. 完善监管机制

未来发展中，需要不断完善数字普惠金融的监管机制，以保障金融市场的稳定和安全。政府和监管机构应密切关注数字普惠金融的发展动态，及时制定相关政策，引导行业健康发展。

4. 推动金融教育

为了更好地推动数字普惠金融的发展，还需要加强金融教育，提升企业和投资者对数字金融工具的认知水平。通过培养金融科技人才，推动数字普惠金融的创新，促使更多企业受益于数字化时代的金融服务。

数字普惠金融作为一种新型金融模式，通过数字技术在企业融资领域的应用，发挥了重要作用。其主要定位在于服务中小微企业、普及金融知识、打破地域限制等方面，特点包括创新的融资产品、大数据风控、灵活的融资模式、低成本高效率以及区块链技术的引入等。数字普惠金融对企业融资生态的影响主要体现在促进中小微企业发展、提升金融包容性、降低融资成本、激发金融创新等方面。

然而，数字普惠金融在发展过程中面临一系列挑战，包括风险管理、金融监管、技术创新与人才培养、用户隐私与权益等问题。为了应对这些挑战，相关各方需要共同努力，建立完善的监管机制，加强金融科技创新，提升人才储备，并注重用户隐私保护。

未来，数字普惠金融有望通过深化金融科技应用、加强国际合作、完善监管机制、推动金融教育，在全球范围内实现更广泛的发展。通过这些努力，数字普惠金融将更好地服务企业，推动金融行业朝着更加普惠、高效、创新的方向迈进。

二、数字普惠金融对企业投资效率的直接影响

随着数字化时代的到来，数字普惠金融作为金融业的新兴模式，对企业投资效率产生了深远的影响。数字普惠金融通过数字技术的应用，改变了传统融资方式，提供了更加灵活、便捷且低成本的融资渠道。这里将深入探讨数字普惠金融对企业投资效率的直接影响，包括其对融资成本、融资速度和融资透明度等方面的影响。

（一）数字普惠金融对融资成本的影响

1. 降低融资门槛

数字普惠金融采用先进的风控技术，通过大数据分析、人工智能等手段更全面地评估企业信用，降低了融资门槛。相较于传统融资渠道，中小微企业更容易获得数字普惠金融的支持，从而降低了融资门槛。

2. 提供多样化的融资产品

数字普惠金融平台通过技术手段提供多样化的融资产品，包括小额贷款、供应链金融和众筹等。企业可以根据自身需求选择最适合的融资产品，从而有效降低融资成本。

3. 降低融资利率

由于数字普惠金融平台的高效运作和低成本特性，与传统金融机构相比，数字普惠金融通常能够提供更低的融资利率。这对企业而言意味着更低的融资成本，从而提升了企业的融资效率。

（二）数字普惠金融对融资速度的提升

1. 简化融资流程

传统融资流程烦琐且耗时较长，而数字普惠金融通过数字化流程简化了融资过程。企业可以通过在线申请和电子签约等方式完成融资，大大提高了融资速度。

2. 实时审批

数字普惠金融平台采用实时审批机制，通过大数据分析和智能风控，能够在短时间内完成对企业信用的评估。相比传统融资机构较长的审批周期，数字普惠金融的实时审批机制显著提升了融资速度。

3. 快速放款

数字普惠金融平台通常具备迅速放款的能力。一旦企业通过审批，资金就可以迅速划拨到企业账户。这种即时的资金支持有助于企业更灵活地应对市场变化，推动企业战略的实施。

（三）数字普惠金融对融资透明度的提升

1. 信息透明

数字普惠金融平台通过大数据分析和区块链等技术手段，提升了融资过程中的信息透明度。企业可以清晰地了解到自身的信用评级、融资条件、还款计划等关键信息，使融资过程更加透明。

2. 利率透明

数字普惠金融平台通常提供清晰透明的融资费率信息，使企业能够充分了解融资成本的构成。相比传统金融机构复杂难懂的费率体系，数字普惠金融的费率透明性提升了企业对融资成本的认知。

3. 数据实时更新

数字普惠金融平台的数据实时更新，确保企业获得的信息始终是最新的。这有助于企业在决策过程中更准确地评估融资风险，提升了融资决策的科学性和准确性。

（四）数字普惠金融的局限性与挑战

1. 风险控制难题

虽然数字普惠金融采用了先进的风险评估技术，但在面对极端事件和不确定性时，风险控制仍然是一个挑战。特别是在金融市场波动较大的情况下，数字普惠金融平台需要采用更为灵活的风险管理策略。

2. 技术安全隐患

数字普惠金融的发展依赖于先进的数字技术，但与之相关的技术安全隐患也日益凸显。网络攻击、数据泄露等问题可能会对平台的稳定性和用户信任造成影响。

3. 监管政策不确定性

数字普惠金融的发展速度可能超过监管政策的制定和调整速度，导致监管滞后。缺乏明确的监管政策可能带来一些合规风险，因此需要及时进行监管跟进。

数字普惠金融作为金融科技的重要应用领域，对企业投资效率产生了直接而深刻的影响。通过在降低融资门槛、提升融资速度、提升融资透明度等方面的创新，数字普惠金融为企业提供了更为灵活、高效的融资工具。然而，在迅猛发展的同时，数字普惠金融也面临着风险控制、技术安全、监管政策等方面的挑战。未来，要实现数字普惠金融的可持续发展，需要各方共同努力，加强合作，推动监管政策的完善，提升技术安全保障水平，以更好地服务企业，促进金融行业的创新与发展。

三、数字普惠金融在提升企业投资效率中的社会效益与意义

数字普惠金融作为金融科技的创新应用，不仅对企业投资效率产生直接影响，还在社会层面产生广泛而深远的效应。这里将深入探讨数字普惠金融在提升企业投资效率中的社会效益与意义，包括其对中小微企业发展、金融包容性、就业和经济增长等方面的积极影响。

（一）助力中小微企业发展

1. 中小微企业的融资难题

在传统金融体系中，中小微企业往往面临融资困难和融资成本高的问题。由于信息不对称和抵押物不足等原因，传统金融机构在对中小微企业进行信贷审批时更加谨慎，这导致中小微企业难以获得足够的资金支持。

2. 数字普惠金融的助力作用

数字普惠金融通过大数据和人工智能等技术手段，能够更全面地评估中小微企业的信用状况，降低融资门槛，提供更加灵活和个性化的融资产品。这为中小微企业提供了更多的融资渠道，帮助其更好地发展壮大。

3. 促进创新和创业

数字普惠金融的出现为创新和创业提供了更多可能性。创业者可以更容易地获得启动资金，从而鼓励更多有创意的企业涌现。这不仅推动了产业升级和经济结构优化，也为社会创造了更多的就业机会。

（二）促进金融包容性的提升

1. 传统金融的局限性

传统金融体系由于信息不对称、地域限制等原因，使得许多人难以融入其中。特别是在一些偏远地区和发展中国家，金融服务的覆盖面较窄，导致了金融资源的浪费和社会不公。

2. 数字普惠金融的普及

数字普惠金融通过互联网和移动技术的应用，打破了地域限制，使得更多人能够方便地获得金融服务。即便是对于没有传统信用记录的人群，通过大数据分析，数字普惠金融也能够评估其信用状况，这提升了金融包容性。

3. 服务农村和贫困地区

数字普惠金融的推广使金融服务能够更好地覆盖农村和贫困地区。通过手机支付和小额贷款等方式，农村居民和贫困人口能够更便捷地进行支付和融资，从而促进了农村经济的发展和贫困地区的脱贫。

（三）促进就业

1. 创造新的就业机会

数字普惠金融的快速发展推动了金融科技产业的兴起，创造了大量的就业机会，包括但不限于金融科技工程师、数据分析师和风险管理专家等。这为社会提供了更多高技能、高薪的工作岗位。

2. 促进创业和小微企业发展

数字普惠金融的服务对象主要包括中小微企业和个体经营者。通过为这些企业或个体经营者提供更为便捷的融资工具，数字普惠金融有助于促进创业和小微企业的发展，进而刺激就业增长。这是因为这些企业在发展过程中需要更多的人才，从而为社会创造了更多的就业机会，形成良性的就业循环。

3. 提升就业质量

数字普惠金融的发展不仅扩大了就业规模，还提高了就业质量。金融科技领域对高素质、高技能人才的需求较大，这促使社会更加注重教育培训，提高整体人才素质。因此，数字普惠金融在促进就业的同时，也推动了劳动力市场的结构升级。

（四）促进经济增长与可持续发展

1. 提升资源配置效率

数字普惠金融通过提升融资效率，使企业能够更迅速地获取资金用于生产经营。这有助于提升资源配置效率，降低资源浪费，并推动生产力的提升。

2. 促进创新与产业升级

数字普惠金融为创新和创业提供了更加便捷的融资途径，促进了更多创新型企业的涌现。这对推动产业升级、提升经济竞争力具有重要意义，有助于经济保持健康的增长态势。

3. 金融支持可持续发展目标

数字普惠金融在服务方面更加注重可持续发展的理念。例如，支持绿色金融和可再生能源等项目的发展，有助于推动经济朝着更加环保、可持续的方向前进，符合全球可持续发展目标。

（五）社会效应与意义总结

数字普惠金融在提升企业投资效率的同时，产生了丰富的社会效益与深远的社会意义。首先，通过促进中小微企业的发展，数字普惠金融为社会创造了更多的就业机会，推动了创新与创业。其次，数字普惠金融的推广提高了金融包容性，使更多人能够享受到金融服务，助力农村和贫困地区的经济发展。此外，数字普惠金融的快速发展为金融科技产业的兴起提供了动力，创造了新的就业机会，同时提升了就业质量。最后，数字普惠金融的服务有助于提升资源配置效率，促进了经济的增长与可持续发展。

然而，数字普惠金融在发展过程中也面临一些挑战，包括技术安全风险、监管政策不确定性等问题。为了更好地发挥数字普惠金融的社会效应与意义，需要各方共同努力，加强技术安全保障，推动监管政策的完善，促进数字普惠金融的可持续发展。在未来，数字普惠金融有望在全球范围内继续发挥积极作用，为经济社会的可持续发展做出更大贡献。

参考文献

[1] 裴辉儒 . 数字金融学 [M]. 西安：陕西师范大学出版总社有限公司，2021.

[2] 潘静波，高雪岩 . 数字金融：智能与风险的平衡 [M]. 北京：中国金融出版社，2021.

[3] 房茜茜，赵强，李景航 . 数字金融产业创新发展研究 [M]. 长春：吉林人民出版社，2021.

[4] 张雪芳 . 数字金融驱动经济高质量发展路径研究 [M]. 长春：吉林大学出版社，2022.

[5] 吴卫明 . 数字金融法律实务与风险防控 [M]. 北京：中国法制出版社，2018.

[6] 于百程，赵慧利 . 数字金融：科技赋能与创新监管 [M]. 北京：中国对外翻译出版社，2021.

[7] 杨涛，杜晓宇 . “新发展格局 + 数字金融理论与实践”：中国金融科技青年论文（2021）[M]. 北京：中国金融出版社，2021.

[8] 郭峰 . 央地关系视角下的数字金融：发展模式与监管体制 [M]. 上海：上海财经大学出版社，2021.

[9] 沈建光，朱太辉，张彧通 . 金融数字化赋能乡村振兴 [M]. 北京：中国金融出版社，2022.

[10] 刘绪光 . 数字账户平台科技与金融基础设施 [M]. 北京: 中国金融出版社，2022.

[11] 吴金旺，顾洲一 . 数字普惠金融：中国的创新与实践 [M]. 北京：中国金融出版社，2021.